靈界修行筆記

隨緣◎著

序言

本書的內容主要著重在於靈修共同的現象上，用很簡單扼要的方式來表達，希望能對初入靈修者有所助益，尤其是自己在不知不覺中自己啟靈的靈修者，至少在面對靈修時不會茫然不知所措，至少知道靈修的一切都是有所依據。

至於靈修中其它更深入的法門，因為彼此間差異性頗大，並且不是所有靈修者都會有相同的遭遇，所以這部分就略過不提，畢竟每個人靈修的因緣不盡相同。

人道是修行的基礎，沒有不忠不孝的仙佛，任何修道者欲有所成就，並先盡人道，人道是修行的基礎，而這些人道，儒家說了很多，大家也都耳熟能詳，只是能不能做到的問題而已。所以本書並沒有提到任何關於人道的部分，不是不提，而是真正的修道者本來就該知道這點才是，並不需要再多說什麼。

而非靈修者也可以在本書看到些有趣的訊息，人生苦短，但卻有一項是真正永恆，那就是我們的靈，而這個靈不是虛無飄渺的靈性，而是真實的靈魂存在，而靈修就是讓我們的靈魂來修行，達到我們想要的目的，而非虛無的靈性成長可以比擬。

所以本書不會看到關於任何人的經歷，或是個別法門的介紹等等，而本書的大部分內容還是在於修行的觀念上，正確的修行觀念建立之後，要走在任何修行的路上，至少可以少走了很多冤枉路。

此書內容對於有靈修相關經驗者而言，不一定完全認同，但多少起點拋磚引玉的功用，所以在此也誠摯地邀請讀者在個人部落格中就靈修這主題互相探討，彼此交流，共進道業，並讓靈修能夠更加健全、茁壯、完善，減少一般人對於靈修的誤解。

「目錄」

為何靈修

一、以人為本的宗教

為什麼要靈修？或者說為什麼會走上靈修的修行道路上。道本唯一，因人設教，所以分成了三教，或者說是五教，然後也有人把五教合而為一貫道，分分合合，合合分分，而三教之下，又因為人的因素，再一次細分成各宗教的不同派門，道本身則完全不受任何影響，道還是道，不會因為三教的種種說法而改變，反而是三教的說法一直在進化、改變。

譬如說最近盛行的氣功養生，最早在從明清時期才開始流傳的氣功、武術、養生，而氣功的前身，則是在宋、元時期開始的內丹修煉。而這些都是道家的傳承，先有道的論述，如道德經、南華經等，然後演化成金丹的性命雙修法，再由煉丹的過程中，獨立出現在大眾現在盛行的氣功、養生等等，就道家而言，修煉的方式還是一直在進化中。

佛教也是如此，中國的禪宗雖然是來自於西方達摩，而在東方開花結果，但關於禪宗的故事很多都只出現在中國的記載，而且是距離當事者都有上百年的差距，最有名的還是達摩面壁的事蹟，但達摩當時根本沒有少林寺，更不用說是在那裡面壁九年了，但不論如何，佛教禪宗還是流傳下來成為現在佛教的主流之一，但在禪宗之前，佛教的修煉方式不會是頓悟的禪宗，而是其他修行法門，有的法門繼續流傳下來，有的法門則消失在歷史的洪流之下，佛教也是在演化，新的門派也持續出現中，最近有名的當屬慈濟的無量法門。

宗教以人為本而存在，有人的存在才會產生宗教，更進一步說，因為有大宗師的存在，進而演化成各宗教以及宗教下的門派，佛教是佛陀自己創立的，道教的老、莊與儒家的孔、孟則是後人推崇的，而佛陀有諸佛菩薩護持、十大弟子的傳承。而道家則從天師道、五斗米教開始，一路上有很多大宗師，開宗立派，形成了道教的諸多派別，而儒家雖然比較沒有宗教色彩，但自從董仲舒獨尊儒術以來，儒家一直是國家扶持發展的，我們從小受的教育，還是儒家對我們的影響深厚。而鸞堂與鸞文是被後人自己分類成儒家一派的。

所以三教不論是成立還是發展，都是依附人而存在，當沒有人為對象時，就不會有三教的流傳。

二、靈修的由來

在東方三教千年的演化下，那好玩的是，怎麼還會出現三教以外的修煉方式，也就是說為什麼會出現靈修，還有就是靈修是怎麼來的呢？

靈修之所以會出現，剛好與以人為本的宗教相反，靈修並不是由某人所創立傳授的，也就是說，靈修不像佛教是先由佛陀本人開悟得道成佛之後，然後傳授給眾人，道家則是由很多大宗師，對道有獨到的見解與領悟，並且可以傳授予後人繼續修鍊而流傳下來，也有很多一代宗師，但卻因無法傳授予弟子繼續其法脈而中斷。這在現代也很多，很常見，當我們只知道某個門派的某位大師很有名氣，但卻沒有印象旗下有出名的弟子時，該宗派很可能在未來就此消失在歷史的洪流。

但靈修卻不是這樣發展起來的，談到靈修，大家不會有個印象，靈修是由哪位大師所創立的，因為靈修本來不存在所謂的大宗師來開山立派，而我們這裡所談到所有關於靈修的一切，主要是針對於母娘系統所傳授下來的，所以這裡所談到的靈修，主要的來源對象不像其他宗教是以人為主題，而是以王母娘娘在民國三十八年於花蓮駕靈開始的，這也是靈修與其他修行法門最大的不同之處。一邊是以人為主體，而靈修是以無形的神靈為主。

三、靈修者的來源

會走上靈修者，也與其他宗教有很大的差異性，以人為主的宗教，其宗教的中心思想是由教主一人所了悟開示的，而教主將他開悟的精華傳授給旗下弟子，並且由其弟子盡得其所悟而繼續傳授，如果其他弟子能繼續開創新局，那又會誕生新的宗師與宗派，而這些能傳授下來的宗教，會繼續演化傳承，自然會吸引住有興趣，並且相信這宗派所言者，而成為旗下門生，學習這宗派的學說。也就是說，各宗教都有明確的修行法門以及夠聲望的帶領者，吸引眾生加入學習而存在。如大家常見的學佛、修道等等。

但靈修卻不是如此，就像上面講的，靈修沒有大宗師開宗立派，更不用說有明確的修行法門可以依循，所以靈修其來源不會是因為大宗師的名望，宗派的學說，以及旗下出色的弟子所吸引而加入靈修的行列。而靈修能在短短的幾十年內，沒有主要人物的帶領下，有如此規模，必有其特殊之處。

其原因之一，也是靈修者的主要來源，還是來自於靈的自我覺醒，很多人是因為這一點而走上靈修的，並不是受到其他人的影響而開始靈修，也就是說，很多靈修者是因為在其親身體驗到一些事情，才開始走上靈修之路，這也是靈修與其他宗教最大的不同，其他宗教很多是相信其教義而主動加入，如佛教、道教。很多宗教都不需要任何條件限制才能加入，只要願意加入學習，都可以從頭學修起，而宗教本來存在的目的就是在此，宗教必須具有教化的意涵。

然而靈修並不是如此，靈修不是想修就可以修，就像上面講的，靈修沒有明確的修行法門可以依循，自然不是有興趣想學就可以傳授，主要差異性，還是在於一再強調的「啟靈」，簡單說，沒有啟靈就沒辦法靈修，這就是靈修與其他宗教最大的不同，靈修不是有興趣、想學就可以。

四、靈修道場

當然說到這一點，可能有人會問，那外面那麼多靈修的團體、道場，不都是有人在帶領靈修嗎？怎麼會說靈修不是以人為主呢？而且很多道場都可以幫人啟靈，好像靈修也是想修就可以，怎麼會說靈修要啟靈才可以呢？而且很多道場也是想加入就可以加入。這裡說的好像跟實際情形有很大的差異。

之前說過靈修只有師兄姐，沒有導師，所有帶領別人靈修的師兄姐，都只是傳承而已，至少幾十年來沒有出現過獨領風騷的靈修者，受到大部分的靈修者所推崇，也沒有任何關於靈修的著作有份量到眾多靈修者都可以接受認同，進而形成一套理論讓大家可以依循，所以說大部分的靈修者，都是做中學，學中做，還在嘗試摸索的階段，當然有很多靈修者對於靈修有獨到深厚的見解，但還是有很多靈修者的見解，充滿了爭議性，導致在社會上對於靈修的觀感不好並且飽受批評，這些也都是事實，靈修就是這麼好玩，往好的地方想，靈修還是繼續在進化、改進中，很多偏頗的觀點也一直在修正，至少後進的靈修者會少走不少冤枉路。但靈修沒有標準答案，所以一切未定論，這也是靈修者需要特別留意的一點，不要以為某人的說法與觀點就一定是正確的，還是要自己能實證之才是。

在台灣規模最大的連鎖廟宇，當屬慈惠堂系統，而一聽到慈惠堂，大家首先會想到的是慈惠堂的主神是瑤池金母，而不是某位靈修者，但提到佛光山、法鼓山、慈濟、中台禪寺，大家會先想到的可能不是三寶佛，而是某位開山法師。

雖然上面有寫道，靈修沒有宗派之分，但有很多靈修者道學深厚，深得其解，也願意傳授眾人學習，慢慢地也開始朝宗教的方向前進，會有宮名或是組織的名稱，也會有相關的著作問世，這在網路上就很常見，而在台灣也有很多靈修團體，這也是事實。

五、靈修自在

在「會、通、精、化」中提到過，自己很厲害，還是不能算是到了化界，至少也要能傳授旗下弟子有人也一樣厲害才是，而這樣的過程如能超出三代以上，那表示這法門是可以依法修煉，是可行的。但這樣還不夠完善，法門不是自己門下說的算，還是需要別人的認同才是。很多靈修團體就是如此，規模很大，法門也很明確，但不是因為旗下弟子沒辦法像老師一樣厲害，就是得不到別人的認同。而且靈修存在的時間僅短短的幾十年，還不夠證明這法門的可行性與可傳授性。當然也有人會說，我們靈修的老師多麼厲害，上達天聽、下知萬物，無所不曉，只是我們不知道這人物而已。很多靈修者道行深厚這肯定是有的，但要教導出一樣厲害的徒弟，這就是一難，另一難就是這徒弟可以得到其他靈修者的認同，這二難，才是靈修長存久遠的關鍵。

而關於靈修的無形師部分就不談了，關於有形師的部分，那就是當我們有能力走上靈修時，我們為什麼會跟隨某位靈修者學習修行，一是因緣，二則是此靈修者關於靈修部分必有殊勝之處，值得我們跟隨。

但靈修不是萬能的，靈修不是樣樣精通，如果真的是如此，那不會有所謂的靈修亂象，因為所有靈修者所體悟到與所說出來的，應該完全一致才是。

所以靈修者判斷靈修者，主要還是依照表現在外的能力而定，也就是所謂辦事與預知的能力等等，不是說這樣的判別條件不好，這能力對於靈修者是一樣指標沒錯，但在這之上，還有個重要的關鍵點，那就是靈修自在。

道德經：「道可道，非常道。名可名，非常名。無名天地之始；有名萬物之母。故常無，欲以觀其妙；常有，欲以觀其徼。此兩者，同出而異名，同謂之玄。玄之又玄，眾妙之門。」

道，玄妙莫能知、能識，沒法辨認，更容易假冒，所以得道與否，只有自己知道，一般人很難分辨出來。但靈修則可以從外在表現來判斷，除了上面所提到的能力外，還有就是是否可以靈修自在，生活自在，遇境自在，處事自在，道法自在等等，也就是表現在外面的是生活美滿，而非生活困頓，遇境自在，而非大驚小怪，處事自在，而非情緒激動，道法自在，而非使人覺得邪裡邪氣，怪怪的。

也就是說，靈修之人，最終表現在外的，應該平易近人，道骨仙風，使人心生親近，感覺到祥和、自在的模樣才是。

六、測不準原理

上面提到的辦事與預知能力，是最常拿來評斷靈修者的兩項指標，也是很難分別的，所以是辦事能力與辦事的成效如何，並沒有一個標準，更何況雙方的認知不同，還有因果的牽連，辦事的結果很難是雙方都滿意的，尤其是越複雜的事情，越是如此。

科學界有個著名的海森堡測不準原理，而靈修的預知能力也是如此，很多靈修者會發現，平常在斷事情都很清楚，鐵口直斷，也增加自己對於靈修的信心，但很奇怪的是，真要在大眾之下測試自己的預知能力，表現出來的，完全比不上魔術師的手法精準，這也是靈修的預知能力無法在大眾中受到檢驗的原因，也是大家對於靈修的預知能力存有很大的不認同感，因為表現出來的準確度比隨便亂猜還要差。主要還是因為測不準原理。這也算是靈修的保護裝置吧。如果每件事都可以鐵口直斷，而且必然發生，一定應驗，那天下絕對會大亂。

靈修者自己要有個認知，我們對於一些必要的事物是有一定的預知能力，尤其是在辦事的時候，最常顯現出來，如果不把預知之事跟對方說，那準確性很高，但如果將預知之事明確地告訴對方，那因為測不準原理，以及當事者的心態與做法改變，會影響改變我們所預知之事，所以我們所預知之事自己受到改變而不準，這也是一般人對於靈修者與算命最常見的誤解，認為他們所說的過去都很準，但關於未來，則都是胡說八道，沒有一樣應驗的。所以靈修者自己也該知道，辨事與預知能力的侷限，而不要自己說服自己，靈修是萬能的全知者。

靈修的能力

一、靈修不等於通靈

一般人會對於靈修感興趣，除了是自身的意願、不得已的因素等等，不可諱言地很多人還是對於靈修者的能力很感興趣，才會想要接觸靈修，想要成為坊間俗稱的通靈人，想要擁有知道別人秘密的能力，想要得到眾人的目光焦點，或是幫助別人等等。雖然靈修不等於通靈，而通靈也不等於靈修，但還是很多人喜歡混為一談，認為通靈者一定有在靈修，或是靈修者一定會通靈，這是誤解。

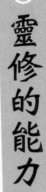

一般人常遇到的通靈者而非靈修者，會發覺他們的能力來得很突然，就是會通靈，可以得到訊息，預知未來，有點像是天生俱來的能力，或是來自於其他外靈等等，但這些都不是經由修行而來。

因為他們的能力不是來自於修行，相對的，他們自然也就不會重視修行，很多通靈者甚至會刻意忽略修行這一區塊，隨心所欲過生活，外在行為舉止有點放浪形駭，而這些外在的表現，也使得一般大眾對於這些通靈者有很大的質疑，認為他們的能力來源很可疑，甚至於認定他們不配有這些能力，所以他們的能力不會來自於正神正道，一定是來自於邪魔歪道。

而這有點根深蒂固的觀點，連帶著也對應到靈修者的身上，認為靈修者也跟通靈者一樣，都是被邪魔外道所影響，才會有這些莫名其妙的能力。

不過，蠻有趣的一點，那就是不論是有意無意間，大家都等於默認了這些能力的存在，只是對於來源有所質疑罷了，靈修者會認為這些能力是來於自身的修為，或是其他神明的幫助等等。而對於靈修或是通靈有偏見者，會認定這些能力一定是來自於邪魔歪道。

二、靈修能力的範圍

在我們遇到的，所能接觸到的，或是從網路看到的訊息，會讓人家覺得靈修者的能力，是不是無所不能，包羅萬象，好像很厲害，什麼事情都有辦法解決。

好像只要找上靈修者就什麼事情都可以解決似的。這也是另一項很深的誤解，其實真正靈修者可以圓滿解決的問題少之又少。

當然這裡是指眾多的靈修者的整體能力而言，而不是單指某一位靈修者就有近乎於神的能力。但網路上無奇不有，一定會有人宣稱他的能力很強，甚至於超越神佛等等，如果大家有因緣遇到這些大師級的靈修者，一定要親近討教一番，畢竟真正的大師難遇，有因緣一定要好好把握，看看他們所言是否屬實。

話說回來，一般靈修者的能力範圍都很侷限，真正專精的法門屈指可數，而能將這些法門發揮地淋漓盡致者，那更是少之又少。這裡的法門指的是用來幫助別人解決問題的方法與技巧。

而我們需要這些法門嗎？或者是這些法門的存在與必要性為何呢？

三、法門的來源

卜學亮有首很有趣的歌叫做「子曰」，其中有段歌詞是；

我 亮子的中心思想是個why why的表現是，
搞不懂就問人 搞得懂就答 人沒有人懂 還可以問神，
如以why為本體 表現在具體的生活上 Come on everybody 一起來，
要懂得推理 要心存懷疑 要充滿好奇 要鉅細靡遺 要打破砂鍋問到底。

蠻有趣的歌詞，其中說到大家在網路上常看到的三種行為「搞不懂就問人」、「搞得懂就答人」、「沒有人懂，還可以問神」。關於法門的來源，很多時候就是「問神」而來的，不論是否靈修，放諸天下所有宗教皆然，神諭、先知、夢境、遇仙、神遊等等，佛教如此，道教如此，天主、基督教也是如此。就任何修行法門而言，問神是很重要的來源，換言之，我們所有修行的依據，與神明有密切的關係，而非由個人所能獨立創造出來的。當然無神論者一定不能信服，而以人為最尊者，也不會相信，可是擺在眼前的事實就是如此。

所以我們所使用的法門，很多來源都是神佛所直接傳授的，當然也有很多部分是由靈修者所教導的，這些是他們個人的竅門所在，這不可否認，但有時候也可能是由神佛在夢境中或是其他方式所啟發，不論如何，由個人所獨創的佔少部分，由神佛所傳授下來的佔絕大部分。

四、法門的效力來源為何

舉個大家相對熟悉的法門來解釋，大家應該會清楚看到其中的差異性在哪。就說道教的符籙派好了，一般人可以很輕易的從書局買到關於符籙的書，裡面有各式各樣的符籙樣式，我們也可以從網路或是其他管道得到這些圖形，修行者應該可以確認符籙有其效用，所以這點就不再多說。

但符籙之有效，是來自於特殊的圖形？那張黃紙？紅丹？還是那支筆？還是寫的人？用的印表機墨水？或是任何人抄描的符籙就一定有效呢？

當然不是如此，如果那麼簡單就可以使一張紙有能力，那肯定天下大亂。所以符籙派在寫符籙時，是有很多條件限制的。

所以要使符籙有效力，必定是來自於寫下這張符籙者本身的能力，貫注在其中才是，且會應該個人之間的能力差異，而使得符祿的有效與否，以及效力的大小有著天壤之別。這也是為什麼符籙可以成為一個派門，卻也是隨手可得的原因。從人的方面來說是如此。但對神明而言，任何一張紙都可以有效力，而不限於符籙的形式，這也是個人與神明之間能力的差異，所以符籙是因為人類的需要存在，而效力的展現則不是非要符籙才行。

所以可以這樣解釋，當個人的能力到達一個階段後，並不需要任何外在的法門才能展現，所以我們不能想像諸佛菩薩親自主持法會，而像人間的高僧一樣在台上誦經，我們也很難想像，神明還需要親自寫下符籙才能展現他們的能力。

所以法門的存在譬如說符籙、法會、祭改等等，是因為人類需要這些法門才能有效地學習、傳授，並且運用，而且可以觀察到其中的差異性，有沒有效一看即知。而我們需要特別注意的是，那些失敗的案例，再來探討其中的原因，是因為我們個人能力的不足，還是他因素所影響，然後排除這些因素後，再觀察是否持續有效。

但是也上沒有萬靈藥，中醫沒有、西醫也沒有，中醫強調個人的特性，而對症下藥。而西醫強調一致性，任何藥物對任何人必定有效，但總會有特殊的情況與副作用，西醫比中醫可以適合大多數人，但一樣沒有萬靈藥，所以抗生素一代比一代強，但也終於產生了超級細菌。

所以任何法門也是如此，除了自己本身的能力要夠強外，法門要有效力，主要因素還是來自於應用的對象，而不要自己有種錯覺，認為只要自己能力夠強，就可以呼風喚雨，為所欲為，任何法門都沒有這種能力，法門所服務的對象，是各式各樣的人，因人而異。而法門要有效，必需要有其能量的存在運行方行，而其能量的來源，主要還是個人的修為，這也是靈修的必要性，增加自己的能量。

而另一個能量，則是來自於神明的加持，這也是為什麼通靈可以辦事的原因，只要有神明加持當然可以，而且神明的力量比絕大部分的靈修者好太多了，這也是為什麼有些宮壇不強調修行卻可以辦事的原因之一，宮壇本來就是神明濟世的道場。而唯一該注意的則是，神明可以如此，妖魔當然也可以如此。

但任何法門，尤其是人類所學習、使用的法門，並不存在一體適用的功能性。所以不要有所期待，當我們學習到任何法門，並使用在法門所適用的對象時，沒有萬試萬靈這件事，還是老話一句，法門的效果因人而異，但會隨著我們本身能量的增加，以及使用法門技巧的純熟度，會使成功率較高，如此而已。

五、法門存在的必要性

就如上面所言，法門的效力來自於能量，那我們是不是只要掌握住這能量即可達到法門的效力，那也不需要學習那麼多法門，也不需要那麼多法門的存在，簡單一點不是很好嗎，為什麼要那麼複雜呢？

舉個例子來說明，大家會更了解法門存在的必要性與其侷限。就說現在正用電腦上網看這文章的靈修者好了，把可以成功上網這件事情看成是法門的效果，但要上網需有電腦或是相關的設備，而這些設備可以假設成是法門的步驟或是技巧，但要能成功上網還需要最重要的電力，這電力也就是上面說的能量，缺一不可。沒有電力（能量），即使有法門（電腦），還是沒辦法上網（法門的效力）。

這也是在「捨本逐末」（本書196頁）中所要表達的，當我們把所有的法門技巧掌握得很好時，但沒有足夠的能量去發揮這法門的效力，就像是在一台沒有電力的電腦上，拼命地敲打鍵盤，期待電腦可以不用電力就可以上網一樣。

但話說回來，光有電力（能量），而沒有電腦（法門），也不能上網（法門的效力），當我們靈修時，或多或少會慢慢地累積這些能量，或稱氣功，或是果位、功德等等，名詞不一，但一定會慢慢累積這些能量，可是光有這些能量，沒有相對應的法門，我們還是沒辦法使用這些能量去改變任何事情，說的更明白一點，沒有這些法門的存在，我們是沒辦法去改變自己或是別人所遭遇到的困境。

最後再提一點，還是用電腦來比喻，法門千萬，就像電腦的應用軟體一樣，無法計量，每天都有無數的軟體被開發出來，每天都有無數的法門在傳授中，只是我們可能沒遇到而已，而且各軟體（法門）的作用不盡相同，有些可以上網，有些可以文書處理，有些可以玩電玩、做動畫、預測氣象、模擬量子運行，甚至於有些還可以當駭客，法門也是如此。但就是沒有一個軟體是萬能的，也就是我們一再強調的，沒有一個法門是萬能的。也沒有任何一台超級電腦，可以把所有軟體都安裝在裡面，並且順利執行的，也就是說，沒有任何人可以學會所有法門，並且圓滿運用，這就是法門存在的必要性與其侷限的原因。

三教與靈修

在靈修或是修道之前，有些名詞困惱著大部分的初修道者，一些觀念需要先釐清，至少會在修道的路上比較好走，所以佛、道都有相關的大辭典可以查閱，可惜的是靈修並沒有類似的大辭典。這或許就是靈修亂象的開端，眾說紛紜，莫衷一是，前後矛盾，南轅北轍。

我們先來看看儒、道、釋三教主要的修道方向，前輩蕭天石先生在「道家養生學概要」中有提到：

儒家做人重修養，以居敬存誠，履仁蹈義，克己復禮，守中致和為條目；以正心盡性為總綱；以修齊治平，經世清物為大用；而以配天地，贊化育，順生死，天人合一為最高境界。主在世間中，於事功內，以成就一個我，完成一個人，期能超凡入聖為主旨。

佛家做人重修持。以解脫塵縛，破迷開悟，轉識成智，捨執成覺為條目；以明心見性為總綱；以修淨修戒，修定修慧，無念無生，無相無法為大用；而以涅槃究竟，頓悟圓通，徹見本來面目，以了生死為最高境界。主出世間，絕塵物，以成就一個我，完成一個人，期能了性成佛為主旨。

道家做人重修煉。以虛無恬澹，守道明德，清靜無為，柔弱無爭，因應自然為條目；以煉心煉性為總綱；唯揉合陰陽，性命雙修，返樸還淳，竅天地機緘，奪陰陽造化為大用；而以出神入化，還虛合道，羽化登真，超生死，超天地而駕神明，塊然與宇宙精神獨往來為最高境界。主超世間，合太虛一體，以成就一個我，完成一個人；最後並粉碎虛空，虛亦不立，期能了道入真為主旨。

其中是沒有提到靈修的部分，在蕭先生當時的時空背景下，靈修並不在檯面上，也沒有那麼多的靈修者，而且沒有相當長的時間催化下，很難在學術的殿堂受到注目，更不用說有相關的學術論述。

而靈修有別於三教，而又不離三教，靈修重點還是在於靈性上的修煉，這是三教中所沒有的，當然我們可以從三教中，找到屬於自己關於靈修的解釋，來自我驗證靈修，或是依附在三教之上來發展靈修，就像這部落格中的很多文章都有提到，關於三教可能比較相似於靈修的部分，或是靈修印證三教等等。

我們靈修者自己是可以這樣來認定，靈修與三教的關連，但反過來說，三教的修行者可不會這樣認為，畢竟三教的教主都是存活在數千年前的人，當時三教是沒有提到關於靈修的部分，這是可以肯定。三教是不談靈修的，而目前三教人士會談到靈修的部分，很多還是用自己的看法或觀點來發表對於靈修的看法，而不是代表該宗教原本就有這些關於靈修的種種說法，也就是說目前三教人士除非從原有的三教基礎上，而走上靈修的路，不然靈修是很難在三教中得到認同。這是必然的現象，也是很多靈修的師兄姐，除非轉向其他宗教，不然是很難從其他宗教得到關於靈修的適當的解說。主要還是原有的三教本來就沒有靈修的說法，所以現有三教關於靈修的看法，大多是三教人士用自己的看法，或是用自己的意思去解釋他們原有的經典，最常見的就是關於神通與魔通的爭論，但靈修類似於神通或是魔通，但還是有別佛教所說的神通，很多初學者會在這裡混淆，認為佛教說的對，而自我否定，反而使自己在靈修的路上很難走下去。

而回過頭來談談靈修，在靈修一段時間之後，很多靈修者會突然發覺，在修道的路上前途茫茫，而不知道該何去何從，是要繼續靈動、感應、說靈語、靜坐就是靈修，還是有其他的方式呢？而如果認真去尋找接下來該怎麼走的時候，會發覺，大部分的修道路徑，都有佛、道的影子存在，也就是說，靈修雖然是屬於新穎的修道方式，但如果有心往「道」接近，所用的修行方式還是不離儒、道、釋，說要做好為人處事，先照顧好家庭者，不離儒家。說到神通，不離佛家，練到氣功、金丹，則不離道家。這也是很多靈修者後來還是會走上儒、道、釋的原因之一，我們靈修所想到、所學習到，所體悟到的修道方式，有別於三教，又不離三教。

而三教本身也因為對於經典與修煉的方式不同，而分成很多宗派，佛教著名的禪宗與淨土宗就有很大的差異性。而道教也是如此，丹鼎派、符籙派、天師道、正一道等等。三教的本質相同，但延伸下來因為後人的看法不同而形成了很多一代宗師與宗派。而如果去整理這些差異性的看法時，會發現跟我們靈修的亂象一樣，對於相同的名詞，會有完全不同的看法。

所以道就是這麼好玩，會因為後人的觀點不同，而自然形成很多宗派，靈修自然也是如此，關於靈修，甚至於關於靈的看法，就眾說紛紜了，可是這也是正常的現象，千萬不要老是在這些問題上打轉，那可對於修道沒有任何幫助。修行法門千萬，但執一根苗，先抓住屬於自己的部分，假以時日，再去探討更廣泛的靈修知見，至少會在靈修路上走的更順遂吧。

本靈與指導靈

我們每個人都有個本靈，唯一的本靈，而這本靈就像佛陀說過「上天下地、唯我獨尊」。沒有本靈也就沒有我們現在的色身，沒有本靈也就沒有娑婆世界的一切萬物，也就是說，沒有眾生本靈的存在與作用，那我們所熟知的世界，所以一切萬物，將不存在，因為所有一切實相皆須依附我們的本靈才會存在，因此「上天下地、唯我獨尊」。

而本靈與我們現在色身的關係，就像大家熟知的「借假修真」，我們的色身就是這個「假」，我們本靈方為「真」。如同在靈界時，大家只有靈體的存在，並沒有色身存不存在的問題，而為什麼這個娑婆世界需要這麼麻煩呢？還需要個色身來作主，還需要這個色身來製造種種的業報，導致我們本靈還要累世輪迴受報，這種種的說法在網路上都找得到，這裡不再贅述，因為那不是這篇文章的重點，而是這現象一直存在，如何解釋都沒有辦法解決這現象。道本如此。

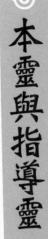

因為本靈在靈界都不需要色身，但在這娑婆世界都需要投胎轉世，擁有色身才能活動，包含諸佛菩薩、各路神明都是如此，因為這樣示現修行得道，使我們可以景仰而依循走上修行的路上，這是有形的部分。

而有一部分靈體並不是依循這模式，而是以靈體在這娑婆世界活動，這些靈體與投胎轉世的任務不同，畢竟能證實靈體存在的人還是只佔少部分，所以這些靈體主要任務還是藉由這少部分可以感受到靈體存在的人，來幫助世人，這也是大家熟知的乩身。

而這部分靈體都可以成為我們的指導靈，所以我們的指導靈可能只有一個，也可能是有無數個，端看我們的因緣而定，而因緣在於我們主動去尋找，也就是走靈山法門，到各大廟宇、靈山會靈，這樣遇到我們指導靈的機率會大很多。另一種就是自然法門，在家自修，等到機緣成熟，我們的指導靈自然會感應到，而主動來找我們。

而本靈與指導靈的差別在於，本靈一直與我們存在，所以最常接觸到的靈，應該都是本靈才是，而指導靈降臨時，最大的不同在於氣場的改變，畢竟能當我們本靈的指導靈者，修為果位必定高於我們才是，相對的氣場會充滿祥和的力量，所以當指導靈在場時，感覺靈敏者，是應該覺得很舒服、祥和，使人覺得安心。所以當我們感覺到氣場有所改變，充滿負面的能量時，自己就該有所警惕了。

而指導靈除了氣場的祥和外，在開示任何訊息時，也是充滿著慈悲與關懷，而非是強迫與恐嚇，指導靈的語氣也是如此。大家應該很難想像諸佛菩薩、各路神明會大發雷霆吧。當然有些神明是充滿威嚴，而這威嚴是充滿慈悲的力量，是為了指引我們走上正途才會如此，這與恐嚇無關，因為真正的神佛是不會生氣的，是不會強迫、恐嚇我們的，這是靈修者該注意的基本知見。

世界

我們的世界，或者說我們所處的世界，在大家的認知中，我們身在地球，地球屬於太陽系，太陽系屬於銀河系，而銀河系只是宇宙中渺小的存在。

也就是說，很多人認為是「我」處在這個世界之中，這個世界的存在並不因為有沒有我而改變，在我未出生之前，地球早已存在，在我死亡之後，地球依然還會存在數十億年之久。

而生命真實的實相，剛好與此觀點相反。

因為我的存在，所以世界才會因「我」而存在，我們身邊的事物也才會存在，我們從小到大所經歷過的事物，之所以會存在我的記憶中，還是因為我的存在，而不是因為有這些事物的存在，而我剛好在這個時空中也經歷過這些事物，所以才有這些記憶。

譬如說，我們小時候所讀過的小學，我們記憶中的小學回憶，童年的歡笑，知心的玩伴，都是依附在因為「我」讀這所小學才存在，今天假設我們就讀別的小學，將會產生有別於我們之前所讀小學的回憶，同樣地回憶將會有不同的結果。

也就是說，本來我們是與ㄅ、ㄆ、ㄇ三個人是在小學的好朋友，但當我們就讀不同小學時，我們變成是與A、B、C三個不同的人是好朋友。

對我們而言，本來與ㄅ、ㄆ、ㄇ所經歷的那段歷史，將完全不存在，變成是與A、B、C所經歷的這段歷史。

又譬如說，現在正在看這本書的讀者，如果「你」不存在於我們這個世界，而不知道在哪裡，那又是誰在看書，而你的家人、朋友，又存在於哪裡呢？

又譬如，寫本書的我，並不存在於我這個時空中，那這本書是否還會存在，我的家人、朋友是否也存在呢？

我不存在於這個時空，那原本我在這個時空所做的任何事物，將不復存在，也就是說，我目前所經歷過的所有人生，都是因為有我的存在而存在。而每個人的經歷，也是因為有每個人的存在而存在。

再舉個明顯的例子，現在線上虛擬遊戲的盛行，很多人會不自覺地沉迷在網路世界上，過他的網路虛擬人生，我們身在局外者，可以很清楚地看出他們是沉淪在網路虛擬世界而不知返，但對他們而言，網路世界的虛擬人生才是他們真正的人生。

而大家可以知道既然是網路虛擬世界，那自然是虛幻不實的，但科技的進步，說不定，哪天我們可以真實地在虛擬的網路上過生活，就像很多科幻電影演的一樣。真真假假，假假真真，什麼才是真實，什麼才是虛幻呢？

但網路虛擬世界的存在，是因為有網路使用者的存在。有網路使用者在玩遊戲，才會產生相關的資料，當這個網路使用者不存在，那這些相關的資料也將不存在，而當初網路使用者，在網路虛擬世界所經歷的一切，也是因為網路使用者的存在而存在。

對於網路虛擬世界的真假，大家還可以很清楚的分辨。但對於我們真實所處世界的真假，要讓大家相信是虛幻的，則非易事。

如果我們可以接受目前這個世界也是虛幻的，對於我們目前所處的時空而言，好像也沒有多大的關係，不管這個世界是真是假，我們都還是要待在這個世界，一直到我們壽終為止。就像是線上網路虛擬世界一樣，只要我們永遠都不斷線，那我們也將永遠處在網路虛擬世界裡，而這時，網路虛擬世界才是我們真實的世界。

我們在虛幻世界所做的一切，所成就的一切，都有終止的時候。在網路虛擬世界的中止當然是中斷上網，或是刪除帳號，或是關閉電源，那我們就可以暫時或是永久地脫離虛擬網路世界。

而要脫離我們目前所處的世界，則相對複雜多了，一、是壽命終了，自然會離開。二、是有很多修行的方法可以讓我們暫時離開，如入定、出竅等。三、是真可以完全離開這個世界不再回來，如涅槃等。

當然這篇文章的重點，不會是告訴大家暫時離開這個世界的法門，因為那沒有意義。就算是我們可以長時間入定，或者是靈魂出竅，遲早還是要出定，靈魂還是要歸位。而且修行的目的也不是在於入定、出竅時間的長短。

用網路虛擬世界來舉例說明，大家可能會比較清楚，我們可以到一個沒有任何網路的地方，那自然也就不能上網玩遊戲了，這是很常見的方法，但也是最消極的方法，很多家長就是用這方法對付自己的小孩，反而造成很多悲劇。

另一個方法就是從另一個網路虛擬遊戲，跳到另一個網路虛擬遊戲，但這只是換湯不換藥。

另一種則是自己玩膩了，而不再玩任何網路虛擬遊戲。

而「修行」簡單來說，就是找到適合自己的方法讓自己不再回到網路虛擬世界。也就是找到適合自己的法門，認真執行，直到可以不要再投胎到這個虛幻的世界來，這才是修行的真正目的。

對於我們這人生而言，短暫的網路虛擬人生自然是虛幻的；對於我們的靈而言，短暫的現實人生也是虛幻的。

網路虛擬遊戲與我們的現實人生一樣，都有終止的一天，所以我們可以這樣認定，凡是有期限、會終止、會損壞都不是永恆。

那什麼才是永恆呢？這才是這篇文章真正需要認真思考的問題。

就現實的世界而言，還是有人可以從網路虛擬世界中獲得他們想要在現實世界中得到的名與利，有人可以在網路虛擬世界得到經濟來源，譬如說能力足以加入職業選手，或者是可以參加大獎賽得到冠軍，獲得鉅額的獎金與豐渥的獎品，進而在這個網路虛擬遊戲世界的圈子中聲名大噪，進而在現實生活也眾所皆知。

對於少數有這些能力者而言，網路虛擬世界反而是他們獲得現實世界中所需要一切的來源。

同樣的，那什麼才是我們這個現實世界與永恆的靈界產生關係的所在呢？也就是說我們在這個虛幻的世界能獲得什麼是靈界所需要擁有的。

是名聲嗎？是金錢嗎？當然不是。

那我們為什麼要來這個虛幻的世界，經歷百年一瞬的人生呢？這才是我們真正需要思考的地方。

天堂與地獄

之前提過我們所熟悉的世界，是因為大家的存在而存在，進一步來說是由大家的靈魂共同作用所形成的，也可以說，這世界是大家的共業，是好是壞是由大家決定的。當左鄰右舍每個人都人心向善，那附近所呈現出來的環境是美好的，到處好山好水，鳥語花香，繽紛絢麗，一片和氣融融。相反的，當大家都人心向惡，那所出現的會是窮山惡水，不毛之地，或是一片死寂。

而延伸下來的話題是，天堂與地獄又何嘗不也是大家靈魂的共業，差別在於我們這世界有個肉體存在，而且這肉體是有壽命的。而天堂與地獄是屬於靈的領域，而且沒有壽命的限制。而天堂是由善的靈所形成的世界，地獄則是由惡的靈所形成的世界。

所以當大家完全相信有個美好的天堂或是極樂世界時，自然會形成這樣的地方，就像當初我們的地球也是如此形成的，而這美好的天堂形成之後，當我們的靈相信有這樣的地方存在，在我們自然命終時，也會很自然的出現在這個天堂的世界，因為這天堂世界本來就是我們的靈所創造的，自然也不會有什麼限制條件，我們願意相信、願意前往即可。所有美好喜樂的事物都可以歸屬於天堂。

但是相對的地獄也是如此，所有不好的事物、所有苦難、所有不滿的負面情緒，也會由這些負面的能量創造出地獄來，而地獄與天堂一樣是屬於靈的世界，而當我們自己脫離肉體時，充滿了負面的能量，包含了對於人世間的不滿而離開時，會因為這些負面的能量，以及自己靈的執著，會一直重複臨死前的最後狀態與動作而無法脫離，而這就是地獄，自己所造成的無間地獄。

所以當有人體悟到我們的肉體是虛幻時，並不代表沒有了這肉體就是自由。當肉體出現生活在地球上時，必須遵守地球的規格，譬如說肉體在地球上就必須受地心引力作用而不能自由飛翔。而靈的世界也是如此，雖然說天堂與地獄都是由我們的靈所形成，但其中也是有靈所必須遵守的法則，並不是沒有肉體的靈就是自由沒有拘束的。

所以天堂與地獄在哪裡呢？全在我們的一念之間，我們的心充滿了善念，那人間亦天堂。如果我們的心念被負面情緒佔滿了，看每件人事物都會產生不滿的情緒，那人間何嘗不是地獄呢？

課題

既然我們的世界是因為我們的存在而存在，是個標準的虛幻世界，是個註定會毀壞的世界，那我們又為什麼會降生在這個世界呢？

這是個有趣的議題，自古以來很常被宗教、哲學者探討，而且很多說法是大家耳熟能詳的，譬如說，大家都是罪人，所以才會投生在這個世界。這是宗教界最常見的說法，所以大家都是來贖罪的。

而贖罪的方式不外乎懺悔、補償這兩種方式，剛好也是宗教最常見的儀式，所以就不加多說。

另一種則是有目的才自願投生在這世界上的，這種說法比上一種積極、正面多了，所以接受這說法的人數也不少，畢竟不是每個人都願意承認或是相信自己是有罪的。更何況有罪的說法都是來自於降生之前，連追查求證都很難，更何況要人家自己相信。

而有目的降生的大致上可以分成兩類，第一類也是宗教界很常見的，就是有能力可以幫助別人，才特地降生來幫助別人的，這類型的人相較於以上說的兩種人，人數少了很多，而且通常不會是最基層出錢又出力的信眾，而是站在中、高階的位階，有能力說上話，甚至於有能力幫助別人者。

另一類型，則是在一般人中最為常見，那就是課題說，我們降生在這世界是因為有必需要在這世界完成的課題，而相信這說法的日益增多，畢竟還是有很多人不是有那麼虔誠的信仰，他們會嘗試在信仰之外找出自己生存的價值。

而這些課題都蠻有趣的，但我們不是要來一一探討這些課題，因為這些個別的課題太多了，每個人都是自己的看法，更何況很多都是聽別人說的。

但是大家試想想，相對於永恆的靈界，我們在這個虛幻的世界中，有什麼課題是真正需要完成，並且可以影響我們永恆的靈界的，用網路虛擬世界來比喻的話，有什麼課題是我們可以在網路虛擬世界完成，並且影響可以擴及到我們現實世界的呢？

這是很重要的觀念，認真去思考的話，可以減少很多虛假的課題，不論這課題是自己想的還是別人告訴我們的，會少走很多冤枉路。

不論有沒有信仰，相信我們降生在這個世界必有其特定的課題需要完成者，實際上也是走在修行的道路上，因為修行的目的就是在於生命的實相，並且認清什麼是虛幻。

因為相信我們降生在這個世界必有其特定的課題需要完成者，相信當他們完成了他們所認定的課題後，他們可以成為更好的人，也就是說他們可以有更美好的來世，甚至於在他們死亡之後可以去到更美好的地方，不論這個地方的名稱是天堂還是靈界。

靈修者對於以上的說法大都遇得到，不是自己相信，或者是曾經聽別人說過，甚至於自己也曾經對別人說過。

以上的說法沒有對錯之分，端看自己相信什麼，接受什麼，並且想要完成什麼而定。

所以靈修者對於課題就分成以上那幾派，相信需要懺悔贖罪者，自然而然會表現在日常生活上，不論是自我修行，還是與其他人交流時，充分表現出這些特色。

但我們比較希望關於課題方面，大家能先抱持一個必要的態度就是，我們是來這個世界享樂了，也就是說，我們的課題只有一個，就是來到這個花花世界體驗美好人生的。

就像我們所熟知的民間故事一樣，很多仙女都是因為人間太好玩有趣多了，而私自下凡來玩樂的。

連現在很多人在玩的網路虛擬遊戲也是如此，會吸引眾人去玩的遊戲，首要的課題就是這遊戲必需要很有趣，很有娛樂性才是。

人生就是如此，既然這個世界是因為我們存在而存在，那首先當然是先要對於這個世界感到有趣才是，而不是先自己找麻煩，自己都認為自己的世界很煩人，那這個世界對於我們而言，當然很煩人。

當我們連在這個自己所創造的世界都覺得很煩人的話，如果真有什麼課題需要我們去完成，真有什麼修行目的需要精進，我想我們可能也沒有閒情逸致去想到這些問題吧。

江山如此多嬌，引無數英雄競折腰。

如果有在玩網路虛擬世界者應該可以體驗，如果對一個遊戲覺得有趣，自然會投入整個遊戲中，並且努力去完成遊戲中各個關卡，直到破關為止，甚至於破關之後，還會從頭再玩一次，那是因為這個遊戲太吸引人，太有趣了。

我們的人生也是如此，當我們覺得我們這個世界很有趣，自然會活得很愉快，遇到種種的關卡、課題，也會想辦法去破關、完成。

當一個遊戲不好玩，不吸引人，我們自然不會想要去完成。

遊戲好不好玩取決於原設計團隊，但我們的人生好不好玩完全掌握在我們自己。

人生的課題也是如此，不論我們相不相信以上的種種說法，人生第一個課題就是使自己的人生過得很有趣，之後在遇到其他課題，或者是真正重要的課題時，我們會很容易找到方式來完成，而且千萬不要自己嚇自己，如果人生真有課題需要完成，那表示人生的課題是我們有能力完成的，人生的課題是不會出現我們沒有能力完成的，如果會出現我們能力沒辦法完成的課題，那課題之說將完全不存在，因為既然課題是不能被完成，那又何必需要這些課題的存在呢？

最後整理一下，課題可以簡分為不相信課題與相信課題兩種。

一、不相信課題者

這才是大部分人的觀點，他們不相信宗教的說法，不相信我們來到這個世界是有目的的，他們選擇自己想要的生活，而不是追求人生一定要有個特殊的目的，說白一點，想賺錢就賺錢，想要名聲就追求名聲，其他如地位、權力、愛情等等。

二、相信課題者

很多人可以在網路或者是書局裡找到關於這課題的大量資訊，這些訊息也影響了一部分人的看法，尤其是宗教方面的影響更是深厚。而這些課題也可以分成幾個類型。

1、宗教類的課題

相信宗教類課題者有很明顯的特性，深信我們在這也有必需要完成的課題，當完成這個課題之後，就算是達成我們這世的任務，可以得到我們應有的報酬，譬如說，不用輪迴、更好的來生等等。

ㄅ、被動的課題

相信這課題者，比較相信我們都是來贖罪的，我們都是罪人，所以才會來世間受苦受難，所以人生過的困苦是理所當然的事情，只能在這世做些事情來改變我們的來世。

ㄆ、主動的課題

相信這課題者，也就是認為自己是自願來投胎轉世了，其目的不外乎是來幫助別人，或者是以下寫的「世俗間的課題」一樣，是來修正自己行為的。

2、世俗間的課題

這類型的課題比較適合新時代的口味，尤其是新時代的靈修者，這類型的課題大多比較偏向於靈性的成長，也就是說這類型的課題，大多是達成正面的美德，如慈悲、佈施、戒口等等，有點類似早期的新生活運動，比較偏向於修正自己的行為。

關於課題，每個人都有自己的看法，不是一就是二，而二還可以細分成1、2，二之1還可以分成ㄅ、ㄆ等等，當然還能夠再繼續細分下去，但那完全沒有意義。

課題的意義在於，自己是不是真正的了解自己所面對的問題，而不單是接受各方面的說法而已，很多人執著於課題之上，然後在達不到這課題的標準上自尋煩惱，那又何必呢？說真的，還真有不少靈修者陷在這裡而無法動彈。

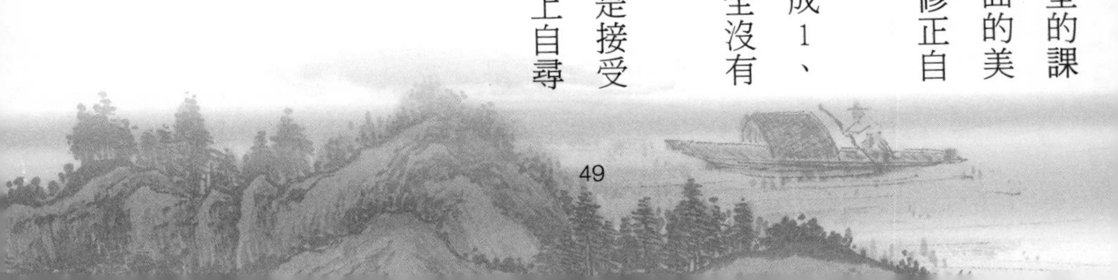

修道者與金錢

在修行過程中會遇到一個蠻有趣的現象，可以讓大家來探討看看。

遠的不說，就東方而言，大家常接觸的兩大宗教，佛與道而言，關於金錢方面，有蠻大的差異性，佛教可以光明正大的收錢，而且還收的理直氣壯，那就是「供養」。供養是不得不收，也就是信眾供養什麼東西，照單全收，因為這是給眾生佈施的機會，供養功德無量，可以成就未來的天人福報，所以要將整個山頭供養給師父弘法，師傅收不收呢？當然要收，而且不能不收。這也是為什麼台灣四大名山都是佛教的原因之一，而且在短短的幾十年的時間經營下就可以有如此規模，與此有很大的關連，也可以讚嘆台灣的經濟與宗教奇蹟吧。而其他新興宗教團體也常想用這一套佛陀的開示，自然而然會往佛教靠近，主要還是不離供養吧，所以很多新興團體，儘管已經完全不像佛教，也與佛教無關，但還是需要供養團體中的領導者，或許不得不然吧。

而在「供養」之上還有更重要的東西，往往被刻意忽略了，佛教只有出家人可以接受供養，而佛教出家最基本的要求就有十三重難與十六輕遮，但說是這樣說，在我們這裡，真正遵守這些規定的很少，在台灣要出家太容易了，反而常在新聞中看到父母跑到寺院來找子女的。除此之外還有很多戒律要遵守，勤修戒定慧、自利利他等等。還要六根清淨，看破紅塵，沒有子嗣、家族，孑然一身，與青燈古佛相伴，沒有恆產也沒有子孫可以傳承，把自己貢獻給佛教，希望自己能修行有所成就，並成就世人。

然而世人感佩出家人的決心與毅力，並且願意幫助他們有所成就，自然會供養出家人。但情況往往不是這樣子，很多人身穿袈裟就只想接受供養，更多人只要看到袈裟就會供養，他們往往沒有想過，被供養的出家人是不是真正的出家，還是只是表象的身穿袈裟而已。所以我們是尊重身穿袈裟的人，但往往是身穿袈裟者自己本身就不尊重袈裟，所作所為不符合身穿袈裟的條件。

而如果修行人是想走道家路線，那恭喜你，選擇了一條辛苦的道路，因為道家祖師爺不像佛陀一樣，忘了要造福後人，當初忘了說要大家供養修道人，所以

世人會供養佛教的出家師父，卻沒有人會去供養道士，這是很平常的一件事，也就是太平常了，很多人都忘了有這回事。所以道家比較偏向是「拿人錢財與人消災」，所以才有種種道術的存在，而這些道術都是用來幫助世人的工具，也都不離開「道」，這些從道延伸出來的道術，一方面對修道人的修行有所助益，另一方面則可以幫助世人，趨吉避凶，離苦得樂，所以道士會學習很多幫助世人的技能，以便自我謀生，而不像佛教的出家人可以在自己的地方等待供養，或是沿路托缽，道士是必需要有經濟收入，必須出外謀生。

道士不能接受供養，只能靠解決世人的問題來獲得經濟上的改善以維持生活，而這樣問題就來了，只要與金錢扯上關係，種種污名就此誕生，如迷信、詐財、神棍等等，一輩子辛苦所學的法會、科儀、符籙，很容易就此被污名化，這也是為什麼很多修道者是「貧道」的原因。收太少沒辦法過日子，收太多又落人口實，更何況還有可以接受供養的佛教在旁邊搶生意呢，所以一般人對於道家的觀感不佳，除非有必要，常常是敬而遠之。只有出了事情沒辦法處理才會想找道士處理，而很少有人會有事沒事找道士聊天，更不用說是聽道長開示了，儘管道家的思想早已紮根在我們日常生活中了，正所謂日用而不知，但大家還是喜歡找出家人來開示，這也是個蠻有趣的現象，什麼時候開始演變成如此的呢？

在道術運用上，最常見的就是命理師。當然也有很多名利雙收的修道者，或者是說命理師電視上就有一堆。這往往也牽扯到命理師所服務的對象而定。而一般命理師所服務的對象，大致上可以分成三類：

一、服務的對象皆是名流豪士、富貴名人等等。這些人大多本來就過的很好，本命的命格就很棒了，根本沒什麼大問題，自然會過的很好，所以他們想找命理師只是想聽好聽、奉承的話，並且提高自己的身價，可以到處炫耀自己認識很知名的命理師，算是互蒙其利吧。而這些有錢人往往是最不需要命理師的人，而這些命理師遇到這些有錢人，往往用上命理的機會很少，只要會說好聽話即可。

二、是一般社會大眾，也是一般命理師會遇到的對象，通常有些問題需要處理，所以命理師需要依照自己的專業提供必要的幫忙，而不是像第一類有錢人，只要說對方想聽的話即可，有時候對方完全聽不下去時，但稱職的命理師還是需要把該說的話說完。但天助自助，很多人自己都不想幫助自己，本身又不像好命一樣有很好的前程，又只想聽好聽、想聽的話，只會害自己路越走越小，而失去找命理師的意義了。命理師也收必要的費用後，命理師自然須將自己的專業技能拿出來，就命理方面為當事者解惑才是，而當事者既然也出了錢，應當是信任命理師才是，當然對於命理師所言不是全盤接受，百依百順，但至少有相當的參考價值才是。

三、正所謂「女人愛照鏡、窮人愛算命」，救貧才是真正大師級的命理師會做、能做的。就像唐朝的風水大師「楊救貧」一樣，真正能利用風水改善世人的生活，解決貧窮人的痛苦，但這類的大師少之又少，完全拿本事出來說話，不需要說好聽的話來奉承，也不需要說一堆大道理來教訓別人，但這樣的命理師可遇不可求，這些人往往淡泊名利，雲遊四海，修道去也，畢竟道術本來就是修道。最後還是會走上「道」。

命理師不只要有專業的技能，還要有相當的社會歷練，一般人用得上命理大概六成就足可以成為大師了，其餘的還是需要社會歷練與自我檢驗進化，畢竟經典都是死的，時代卻一直在進步，讀死書跟死讀書一樣，對於命理都是行不通的，師傅帶進門，修行在個人，前人講的是大原則，而要套在現在這社會，還是需要相當的慧根，不然用起來只有兩個字「不準」，不是道術不能用，而是用的人沒有學通，不能善巧靈活的自我轉化。這也是命理師的一大分野。

話說回來，修道者與金錢之間的關係是相生而不是相剋，很多人有個誤解，認為修道是清高的，是寡慾的、是不理俗事的。而莫名的對於很多事物有了錯誤的看法。能沒有俗事纏身，志心於修道，那是好事一樁，能如此自然是最好。這在古代是可以這樣做的，輕便行李，找個深山修行，自給自足，不需要任何的金錢，就可以過的很好。所以在古代大部分的高山仙洞都可以找到修行人的足跡。

但是在現代，這是不可能的，首先是每個人都要有身分證，證明自己不是偷渡客，而身分證上的照片與換證都是要錢的，再來是每個山頭不是私人的就是國家的，隨意進入並且佔有是犯法的。而健保與國民年金，是每個國民應盡的義務與責任，那是每個月都要繳的，等於是在台灣每天只要睜開眼就需要錢，這是很現實的問題，而不是跟政府說「我是修行人，我淡泊名利，專心求道，沒有任何金錢的收入，所以勞、健保與國民年金都沒有錢可以繳納，不然欠著好了。」政府就會跟你說，「那好，你專心修行，政府負責供養你一輩子」，可能嗎？還沒修道就先違反人間的法律了。

所以修行還是需要金錢，如果不是家有恆產可以供應，那在修行之外，必需要有份收入，士農工商，該認真工作還是需要工作的，而不是假言修行最大，而連工作都可以不要。一心只想修行就有人會供養，那是不可能的。

而如果學有專精，也有能力可以幫助別人，想要用這能力養活自己，這也無可厚非，事實上也是很多人這樣做，收費有高有低，而這情形就會有人開始說話了，收太高者不配當修行人，會說他們是在斂財、是神棍。但我們的看法不是如此。這又不是獨佔事業，可以隨意開價，大家只能接受，如果開的太高，可能沒有人看的起，反而沒有任何收入。

修行與金錢是可以共存的，一個富裕的社會會比貧困的社會更富足，不論是生活上還是修行上，沒有富裕的社會，連佛教的供養都有限，所以賺錢絕對不是罪惡，不論是不是用道術、通靈來謀生，或是有份正當的工作，還是從事買賣交易等等。不是只賺點蠅頭小利，或是不賺錢就是高尚，就是修行，這就是一大迷失。世界首富比爾蓋茲，也是世上有名的慈善家，他每年捐助的金額與幫助過的人，是一般人難以比較的，而這工作還非有錢不行，也就是說一般人沒錢想要向比爾一樣幫助很多人是不可能的。

而佛教有名的維摩詰居士給孤獨長者等長供養僧團行善佈施。這些也都需要錢，而他們都有份事業，收入頗豐，也都修行的很好，這是一例。

努力工作賺錢與精進修行並不衝突，經濟的穩定會因為生活所苦，減少很多社會問題，賺錢絕對不是罪惡，錯誤的知見才是真正的麻煩，認為貧道才是修行者的本色，不僅害苦了自己，也增加社會負擔，連帶的一般人對於修行者的觀感也不佳，每個修行者過的都不好，過的都很苦，一簞食一瓢飲，居陋巷，又有多少人想跟顏回一樣呢？而這樣的修行者跟人家說修行有多好，又有多少人會相信而精進修行呢？

而說那麼多，簡單一句話，就是台灣的俚語「先要顧肚子，再來顧佛祖」，古人喜簡，很多智慧之語都是一兩句就可以形容了。

那又為什麼還要說那麼多呢，主要還是看到很多現象有感而發，還是有眾多靈修者認為只要專心修行可以開宮辦事，就可以有收入足以維持生活，甚至於致富，有些靈修者認為只要出家就會有人供養等等，有些靈修者認為修行就是不能從事貿易，不能累積太多財富，還有些師兄姊自己都快活不下去了，還要佈施給別人，認為神明不會讓他們餓死等等，修行還是需要走中庸之道，過與不足都是不好的。

還是有很多師兄姊辦事是不收費的，有些是自己的經濟本來就不錯，並不需要這額外的收入。也有些師兄姊自己的日子都快過不下去了，卻也堅持不收費，到頭來，反而製造出更多問題，苦的還是自己，現代人普遍經濟能力都不錯，既然會問事，當然是有一些問題期待得到解答，而只要不是收費太高，大多負擔的起，也不希望欠人家人情，就像義診一樣，有人需要義診是因為真的經濟上或是交通等因素，但很多人並不想要免費得到別人的幫助，他們反而希望有來有往，付一點小錢，對他們而言不算什麼，卻可以讓他們得到心安，不會讓他們感到這是虧欠他人。

所以免費辦事會有幾個結果，一是問事的人會越來越少，不是功力不好，而是對方不想欠人情。二是會吸引很多想要免費算命的人，這些人反而會常常來找你聊天，因為不用錢又可以當心理醫生，免費聽他們訴苦、聊天等等。當然也有些人是真正經濟上有很大的困難，有時候是因果，有時候是自己所作所為，有些是我們可以幫忙的，有些是我們完全幫不上忙的，這類型的人少之又少，真正遇到了，不要說是收費，免費幫助他們也很好啊，只是世上真的少有大師可以真正救貧，這時候大家才能感受到什麼是因果，什麼是福報。

關於食物

在「捨本逐末」（本書196頁）的文章中有提到一點點關於吃素，這裡再進一步來聊聊關於食物與我們人類的關係，或者是說人類演化的關係。市面上常常可以看到很多素食主義者的著作，常常會提到說，人類其實是適合素食的，或是說人類必須是素食者等等，而這些大多是宗教界出版的，極少數才是不牽扯到宗教，真正的素食主義者所提倡的。

很多人都知道，不是所有宗教人士都是吃素的，譬如說佛教好了，中國的佛教徒是從梁武帝命令吃素之後，才慢慢演變成大乘佛教在寺院是吃素的，而其他地方並沒有嚴格規定，但目前在台灣的出家人，除了小乘佛教外，好像都必須吃素。但就全世界的佛教徒而言，嚴格吃素只佔其中的一小部分，但在世人的觀念裡好像佛教出家人就一定吃素。這是迷思。

在台灣有名的宗教中，規定要求吃素的則有一貫道，還有靈修的王母娘娘信徒，大多著黃衣、尚素食，所以外面一般常見的素食者，反而不是以佛教徒為最多。而是以道親還有靈修者佔大部分，當然主要還是佛教出家人大多在寺院有關，當然在外面看到會比較少，也有少部分是不牽扯到任何宗教的素食主義者等等。所以外面看到嚴格吃素者，大部分都有宗教信仰，而且不是以佛教徒人數最多。其餘可以參閱網路上這篇文章「《吃的自由》：談和尚吃肉」。所以真正有嚴格要求吃素的宗教反而不是佛教，這也是迷思。

就整個人類的演化而言，火是項很重要的發現，火可以取暖、禦獸以及煮熟食物，而人類一開始發現火可以煮熟食物，應該還是來自於動物而不會是蔬菜，因為動物可以直接在火裡烤，而蔬菜直接放在火裡那是當燃料生火，而不是用來煮熟。也就是當有野獸不小心掉到火裡面，過一陣子傳來陣陣的香味，拿來吃起來還蠻可口的，就這樣，遠古的人類發現了火可以煮熟動物，慢慢地，人類從採食、打獵，到畜牧，火的發現佔了很重要的因素。

熟食與生食相比還有一項重大的差異性，那就是熟食比生食更容易消化，因為火可以破壞食物的結構，使我們的消化系統更容易消化食物，並且得到更多必要的營養與能量，熟食比生食何者容易消化，這也很容易可以從小朋友的便便中找到未消化的蔬果，如整顆的玉米粒，找到證據，也就是說這些沒有咀嚼到的蔬果可能完全沒有消化而被排泄出來。所以遠古的人類從採食果實到熟食時，除了可以更容易消化食物，獲得更多的能量，使的遠古人類可以得到更多的能量，相對應的這些充足能量讓我們的胃慢慢變小了，而有更多的能量來發展我們的腦袋，所以我們的腦袋也漸漸的變大了。這些在考古上都可以得到充足的證據。

所以我們人類是從吃蔬果一直進化到肉食的，最直接的證據就是牙齒，從我們現在人一直往上推到猿人，可以發現臼齒是越來越小，而犬齒也慢慢地演化出來並且越來越尖銳，大家有機會去動物園可以看看猩猩的牙齒，會發現他們的臼齒又大又平，因為他們主食就是蔬果，而是不需要用到犬齒的。而人類在演化的過程中，犬齒越來越發達，所以現在的人類是雜食性動物，這點到現在都一直沒變。

而現在人類食物充足的情況下，足夠維持一定的素食人口，但假使有一天，人類全部吃素的話，那糧食會明顯不足，首先是海鮮類都是肉食，所以不用出海捕魚了，漁夫首先失業。再來就是家禽類，因為不再食用，所以沒有蓄養的必要，而牠們可能也沒有自己謀生的能力，所以這些動物也會滅亡。再來就是身為食物鏈的最高者，嚴重食用食物會造成生態失衡，所以人口會先減少一半吧。這也是為什麼愛之足以害之吧。當然以上言論會得罪很多人，在此先說聲抱歉，但事實就是如此。修行與吃素無關，素食永遠是個人的選擇，而不是人類整體會走的路。如果吃素能成佛，那牛羊第一成。

上天有好生之德，所以非食用者不殺，從古時候的人類到現在的原始部落，台灣的原住民、印地安人等，大多是如此，萬不得已，才會殺生，而不得已殺生時，也須做相對的禱告贖罪等。感謝上蒼賜與我們族人這豐盛的一餐，也願這生物在照顧我們之後能得到解脫，最近知名的電影「阿凡達」也是這一幕，當人類的阿凡達可以在打獵時，一刀斃命，減少生物的痛苦時，才被認同已經準備好可以進階到下一步了。

所以今日的素食者，主要還是在於戒殺的演變，而開始有點本末倒置了，所以還在思考修行該不該吃素者，應該知道，素食與修行無關，道法自然吧，時間到了，該吃素自然會吃不下肉，而能靠自己的意志吃素，那也不錯，代表個人對於慾望的控制也減少了一部分，而還沒有吃素者，那也無妨，因為吃素與否於修行無關，不用拿這議題來自我煩惱。

但靈修者則需要特別注意，因為靈修的特性，吃肉是會影響靈通與通靈的能力的，很多靈修者都有這樣的感受，因為肉食還是會影響身體的清淨，並且影響到能力的展現等等。這或許也是為什麼一貫道與母娘的靈修系統會要求吃素的原因之一。

靈修相對論

本來題目只有三個字，但愛因斯坦的相對論太有名了，所以前面再加上兩個字，愛因斯坦的相對論是探討時間與空間的相對關係，在此之前，人們認為時間是永恆不變的，是一直線往前，現在的前面是過去，現在的後面是未來，但相對論改變了人類對於時間的看法與認知，時間會隨著空間而改變，或者是說，時間會隨著空間的重力而改變，重力越大，改變的時間越明顯。當然還有很重要的方程式，能量與質量的相對關係。

靈修相對論則沒有相對論那麼複雜與重要性，主要還是談談靈修會遇到的現象，而且在一般生活上也會遇的到，只是多數人會刻意忽略，或者是根本就不知道這些。

靈修相對論，主要想表達的是，我們個人與別人的相對應關係，也可以擴大到我們所會遭遇到的情形。知己知彼，百戰不殆。

一、修行

世上知名的宗教，講求明確的修行者，像是佛教的成佛、道家的成仙，有很明確的標的，講求的是自我的精進，只要修煉得法，我們可以名列仙班，成佛成聖，永遠解脫，而且法力無邊。

其他像是天主教、伊斯蘭教，比較偏向於信仰，就像大家熟知的標語「信上帝者得永生」，上帝、真神會帶領我們，我們唯一要做的就是相信神，神可以帶領我們上天堂，但我們永遠不能成為神，我們永遠是神的子民，聽神的話永遠不會錯，當然這一段話是個人主觀的看法，如與事實不符，敬請見諒。

所以就修行而言，主要還是要談佛、道，頂多加上靈修，佛家講境界、講開悟，道家講吐納、脫胎等等，都有明確的次第與驗證的標準，譬如說四禪八定，經文上說得很清楚了，而我們自己有沒有到達這個境界，自己心中該有一把尺，這把尺就是自己的修行與我們想要到達目地的相對應關係。這是最初期的相對論。

之後，再來看看自己與其他同修，會是不同法門修行者的相對關係。也許有靈修者會說，修行又不是要與別人比較、較量，修好自己最重要，怎麼還要跟別人比來比去的。修行很怕閉門造車，尤其是不知道自己目前在修行上所處的位置，從小教育受教育會有個明確的位置，譬如說，現在是小三、國三、高三還是大三了，之後還有研一、研二、博士等等。之後當然還有博士後研究，這是我們受教育時的常識，知道自己的位置在哪，以及後面的路要往哪裡走。修行也是如此。

靈修是蠻奇怪的修行方式，有修行的影子，如佛、道一般專談修行法門，必需要自我精進才是靈修。

但靈修也有方便法門，就如同天主教一般，信上帝者得永生，所以靈修也有復古收圓，只要皈依母娘就可以回到母娘的身邊，不用再受輪迴之苦，而這開始於明、清時期的方便法門，不只是天主教專有而已，當時開始的彌陀信仰、淨土法門、無生老母等都是如此，大開方便之門，不需要修行，只要信仰即可，這反而是現在宗教的主流，因為天主教、伊斯蘭教的信徒就高達二、三十億人之多，遠遠超過佛、道的修行者，當然華人的民間信仰也是屬於信仰的部分，如果再加上去，那宗教信仰者遠多於個人修行者。

所以宗教會越來越簡化，並且持續往信仰的方向前進，這是很明顯的趨勢，但如果想要靈修，想走靈修路線，還是需要知道修行與信仰的差別，並且知道自己的修行在整個實相中，所在的位置。

修行者必需要知道自己與修行的相對關係，以及與其他修行的相對關係，還有修行與信仰的相對關係，不要通通攪和在一起了，而認為信仰最大，或者是靈修者就一定要很厲害，也有人認為學佛最殊勝，只要學佛就是全知全能者等等。

二、形煞

「一命、二運、三風水、四讀書、五積德」是前輩認為會影響我們日常生活的五項基本條件，其中第三項風水是唯一與我們息息相關，又可以自己掌握的部分，其他如命、運是先天而定，而現在少有文盲，讀書不保證就能出頭天，積德也不一定會在這一世馬上現福報。

陰宅的部分這裡先不談，因為火化是未來的趨勢，以後想要靠土葬來庇蔭子孫的機會越來越少了，反而是陽宅與我們息息相關，好的陽宅能替我們有加分的作用，而陽宅的形煞，則會直接影響我們的健康、財富、子孫等等，不可不注意。也千萬不要認為只要學佛或是開宮壇就不受陽宅形煞的影響，風水形煞可不會因為你有在念佛、拜神就不會應驗。

一般而言，形煞千變萬化，各有條件不同，我們需知道當我們格局很大，形煞很小時，縱有形煞需應驗，很可能會很輕微，但當我們格局很小，形煞很大時，那應驗可能會加劇到無法計量。這也是一種相對應的關係，需要比較他與我的格局大小，高低、遠近等等。

譬如說，台灣最高的101大樓好了，有人說是劍是形煞，有人說是筆是文昌，不管怎麼說，風水存乎一心，應驗為主，如果能考取功名那自然是文昌筆，如果帶來形煞，那當然就是出劍傷人。假設說101大樓就在我們家前面所帶來的傷害或是功名，是不是該比從我家看到101大樓像支牙籤，來的大多了呢。

又比如說同樣的形煞，應驗在一個內、外格局俱破的小房子，會比應驗在一個格局方正，後有靠的豪宅來的重多了呢？

陽宅應驗也是需要相對論，當我們本身的格局夠大、夠方正，又有貴人相助，也有靠山，當形煞、流年應驗時，可以減輕不少。

當我們本身的格局不大，也不夠方正，內外格局皆帶破，即使是小小的煞氣，也可能加重到家破人亡，不可不慎。

就是因為風水具有相對論，很多人會不相信風水，因為他們可能常聽到別人說房子怎樣時，會發生什麼事情，但是我們就是這樣的格局，可是也過得好好的，什麼事情都沒有發生過。

譬如說，人家常說開門見電線桿不好，可是我們家也是開門見電線桿，工作也很順利，身體也很健康。結果到他家一看，開門見電線桿沒錯，可是電線桿隔條40米的大馬路，而且他們是百坪格局方正的大房子，又怎麼會有影響呢。即使有影響，早已減輕到等於沒有形煞了。

同樣地開門見電線桿，結果電線桿就在門口不遠，家裡的格局又不好，那當然會應驗，而且應驗得很快且重。其他形煞也是如此，需要考慮形煞的大小、距離、方位以及與我們陽宅的相對關係。

陽宅風水要應驗，需要考慮到很多相對因素，不可不慎。所以在居住場所的選擇上，如果能多花一點心思，可以減少很多困擾，外在格局我們不能改變，但我們可以選擇搬遷，而如果內在格局方正，沒有帶破，那外面小小形煞也可以忽略，但如果是很大的形煞，不可不避邪。這是形煞的相對論，不要見到形煞就先自己嚇自己了，也不是看到很明顯的形煞，卻不當一回事。

三、無形的干擾

一般常見無形的干擾，我們將其干擾的程度大小、嚴重性，可以分成幾個部分，其中或許有明顯的判別性，但大部分是很難分別出來的，唯有用自己的能力以及所遇到的情形來自我判斷，這裡只大略提出幾種類型。

1、輕微而不需處理者

在我們剛有覺知時，可以感應到他人身上的氣場、能量，尤其是不好、嫌惡的感受時，但本身還不能分辨此不好的能量氣場之程度大小，只感覺到不好，渾身不對勁。有人會開始不舒服，甚至於想要出手幫助他人，或者是趕快離開現場等等，這是大家都會經過的階段。

事實上，當我們一開始靈修所具備的能力還很粗淺，所以我們自己能覺知到的不好的能量氣場，而讓我們升起想要處理的心時，通常也都還很細小，不然，如果讓我們遇到強大的嫌惡氣場，只會讓你想到馬上逃離現場，越遠越好，更不用說還會想要處理了。

一個自己覺得自己很健康的人，突然有人跟他說他的氣場不好，但又拿不出具體的證據，實在是很難讓人家信服，尤其是個陌生人說的。這也是一般靈修初期會遇到的情形，可以感覺到別人身上不好的氣場，心裡常會有股衝動想要幫別人處理一樣，但是對方又不是自己認識的人，又該怎麼開口呢？說了之後，人家可能完全不相信，而認為我們是不知道哪裡來的神棍，不知道有什麼企圖呢？而這些輕微的氣場就像是小感冒一樣，頂多讓人不舒服一陣子而已，並不會對人造成多大的傷害，甚至於連當事者都不覺得有什麼不適，不用處理也不會有什麼傷害。大家想想，連有職照的醫生，都不會走在街上跟陌生人說：「你身上有什麼病，我來幫你治一治」？更何況是我們呢？

如果遇到我們熟悉，且信任我們者，這些輕微的氣場，是我們有能力可以處理的，當然我們可以直接告知當事人，並且詢問是否需要幫忙處理。

就是因為這些輕微的不好氣場，佔大部分，也是一般靈修者最常遇到的，所以在靈修早期，常會被告知，如當事者沒有開口，千萬不要主動開口說要幫別人做什麼，首先是人家不一定相信，說了等於白說，甚至於還認為我們心懷不軌呢。其次是就算不處理也不會怎樣，正因為不處理也不會怎麼樣，假使我們主動開口說要幫別人處理什麼的，那反而更加深人家認定我們是神棍的印象，下次真的遇到很厲害的事情，反正沒辦法處理了。

2、需要處理且有能力可以處理者

這就比上面說所提的更厲害一點了，不處理的話，可能真會發生不好的事情，如身體健康會出問題，或是會發生意外、破財等等都有可能，要看發生什麼事情而定，但其共同性就是不處理必定會發生一些症狀讓當事者感到不對勁。

可是就是有些當事者把「吃苦當進補」，認為這些苦難在他的人生中是很平常的，在他的認定中這些都是正常的現象，這類型的人，也可以歸類到第一種，不用處理。因為他完全不相信這些玄異之事，他們也不認為會有什麼無形的力量可以讓他們的生活產生那麼頻繁的苦難，當我們嘗試與他們說些什麼時，會發現完全沒有用，他們是一點也不入耳。

另一類型則是，我們可能有機會說服他們，也就是說，可能是我們的親朋好友、同事、同學、同好等等，有一些交情在，也許他們聽得下我們所說的，而且我們也可以判斷出在他們身上所發生的端倪，讓他慢慢地信任我們，甚至於讓我們幫助他們，這也是靈修初期最容易遇到的情形，當我們的能力在啟動之初，最容易感應到的問題，絕大部分一定是與我們日常生活中接觸最頻繁的。

當我們有能力判斷這些問題是我們所能處理的時候，建議最好的練習對象還是我們最熟悉的人，除了可以建立自己的信心外，還有個很重要的指標，那就是，如果連自己的親朋好友都沒辦法處理，連自己的家庭、工作、事業都照顧不好，又哪來的能力與自信可以幫助別人處理他們所遭遇到的問題呢？

如果是已經打出名號、開立宮壇，服務眾生的靈修者，當然是只要是上門來問事者，都是需要服務的對象，這時候要考慮的不是該不該處理，而是有沒有能力處理，不是靈修就是萬能，不是開宮壇就有能力處理所有的事情。

3、需要處理但無能為力者

就像上面所講的，每個靈修者的能力不同，所遇到的事情也不同，不是每件事情都可以圓滿解決。

如果當事者的心態不改變，那肯定無法解決，我們自然無能為力。

其次，是我們所學習到的法門各有所不同，至少我還沒有聽過任何一個法門可以解決任何事情的，只有聽過某些法門很殊勝，可以有效地解決什麼類型的問題。

而且這些法門也有等級之分，從最常見的收驚、祭改、法會等等，由簡而繁。而法會是需要眾人通力合作才辦的成，好像沒有聽過有一人法會的，至少我沒有聽過。而法會就分成很多種類，譬如說祈福法會、超度法會等等，功能大不相同，運用的對象也有所不同。

反過來說，如果當事者所面臨的重大問題只能用法會的方式來處理，但我們只會祭改或是收驚，那效果自然不佳，甚至於無效。這很明顯是我們的能力不足所至，而非當事者的問題完全無解。

如果真遇到這種在我們能力範圍外的類型時，最佳的處理方式還是轉介給其他有學習過相對應法門而且可以處理的靈修者，這也是我們常說的，靈修不要閉門造車，最好是多與其他靈修者交流的原因，交流不是在比高下，而是互相研究探討，互相交流，我們不需要學習所有法門，事實上也不可能把所有法門都學會，只需要認識其他靈修者會這些法門可以幫忙處理即可。

四、廟宇的氣場

廟宇的氣場，或者說特定地方的氣場，很多靈修者可以感應到特定地方氣場的好壞，特別是宮廟，並依此感受來判別廟宇的種種，譬如說是不是正神正道，有沒有邪靈入侵，或者判別有沒有神明進駐等等，這在網路上常常看到，特別是知名的廟宇，尤其是靈山法門必去之處，三不五時，就可以看到有人發表說：「這裡的氣場改變了，因為怎樣……。」

當然我們不能說什麼，這是個人的感受與覺知，每個靈修者的程度差異性，也會造成結果的不同，也許我們也有相同的感受而認定網路上所看到的訊息，並且回應說：「對啊，我最近剛去過，也覺得那邊……。」

而另一方面，也許我們會這樣說：「哪有，我才從那邊回來，那裡的氣場棒透了，怎樣怎樣……。」

而這些感知我們也不能斷言對錯，除非是這地方很明顯的氣場已經改變到讓大部分的靈修者都能覺知，這地方可能不太對勁了，慢慢地香火不再興旺，門可羅雀，那幾乎可以肯定這地方的氣場真的有問題外，其他正反兩極看法皆有的地方，那就有待商榷了。

就像太陽一樣，假設太陽的能量永遠不變，但我們個人會因為所處的空間位置與季節的不同，感受也不同。

夏日的太陽是日頭赤炎炎，而冬天的太陽是溫暖的，但夏日的太陽在高山上也可以算是溫暖的陽光，南北極也是如此。太陽永遠不變，變的是我們。又像溫泉一樣，一樣的溫度，有人覺得很舒服，有人覺得不夠熱，有人覺得太熱了，那到底是旗在動還是風在動呢？

廟宇的氣場也是如此，當我們本身的氣場強度足夠時，我們可以感受到很高程度的氣場，但還是承受不了更高的氣場，換個方式說，當我們的免疫力足夠保護自己時，可以承受20度的溫度而不會感冒，但當我們免疫力下降時，可能25度的天氣就會感冒了。所以我們本身的氣場強度也會影響到我們對於廟宇的感受。

正面的氣場是用彼此能量的強度來做比較，但是當我們身上有負面能量時，那反應更是直接強烈，不需要多大的氣場，就可以感受到不舒服，而且負面的能量越多，不舒服的程度越是激烈。這也許可以解釋為什麼有感應之人會覺得很多知名的大廟氣場不好的原因之一吧。但這點純粹是個人的假設，看看就好。

關於靈療

這應該也算是靈修者的能力之一，好像是如此沒錯，因為很多靈修者都會有這能力與這業務，而在坊間的書局也常看到相關主題的書籍，這也表示了，不需要一定是靈修者，也可以擁有這能力。只是很可能是不同的現象，大家使用相同名詞所造成的結果也說不定。

在還沒有氣功與量子力學概念的年代，人們會稱呼這些類似靈療的行為為神蹟，凡是有這項能力者，人們會認為那當非凡人，不是神的代言人，就是仙佛轉世而來，所以才有這種超越常人的力量展現。

這現象在明朝有氣功概念的出現後，慢慢地轉化了，神蹟的說法少了，氣功的說法多了，也就是說少了很多神的代言人，而多了很多氣功大師，用氣功來養生，調理身體，幾百年來，在東方這是最常見的另類療法，也有很多團體是使用氣功幫助他人調理身體。

近代在量子力學的發現後，量子療癒成為最新的顯學，氣功是由東方所興起的，而量子力學則是由西方所開始的，隨著媒體的推波助瀾之下，以及如雨後春筍般冒出來的靈療團體，關於靈療這件事，可以說正式從神蹟之中擺脫了，邁入了科學的殿堂，雖然還沒有科學研究與儀器可以百分百的確認其效果，但至少可以學習，可以傳授，也可以運用，並且得到效果的改善確認。

可是問題來了，為什麼這些氣功與量子療癒都只屬於民間療法的一環，而無法得到所謂正統醫學的重視，但卻也有辦法繼續傳承而沒有被正統的醫學所消滅掉。

這點可以從互相比較的關係來說，一般的病痛，可以忍一忍自己會好，而輕微一點的，可能吃點藥也會好，嚴重一點的，可能要動刀換器官才有可能痊癒，當然還有很多絕症是無法醫治而高居死亡排行榜的，譬如說腫瘤。

這是一般對於正統醫學的認知，而對於靈療又如何呢？靈療在一般的病症中，是否有比現在醫學還好用呢？譬如說，一般的外傷，擦點藥就可以好了，嚴重一點的需要縫幾針，時間久一點，一樣會好，而如果我們不要擦藥，改用氣功或是靈療，效果會比簡簡單單擦個藥還要好嗎？而骨折也是如此，是上石膏固定好得比較快，還是用氣功、靈療好得比較快呢？個人會投石膏一票。

那再嚴重一點的疾病好了，譬如說，肝功能不好，是直接吃藥的效果比較明顯，還是用氣功靈療的效果會比較好呢，血栓塞也是如此，還有三酸甘油酯、膽固醇等等。也都是如此，當我們身體出現問題了，首先是要尋找中、西醫的幫助，還是先找氣功、靈療等民間療法呢？

再嚴重一點的癌症好了，現在的中、西醫對於癌症並沒有個確定有效的療程，民間療法有很重要的一個功能就是補充正統醫學不足之處。所以常聽到有人的癌症是用民俗療法所治癒的，但這些永遠都只是個案，並沒有形成有效的療程，也是說這些治好癌症的方式，並不是適用於每個人，如果有的話，那就表示癌症不是絕症，而且也就沒有民間療法存在的必要性了，因為每個人得到癌症都可以用同樣的方式治癒，那就代表有特效藥，自然而然會被納入正統的醫學體系了，很多中醫的藥方，都是這樣建立起來的，歷代證明有效的方子，自然會被歷代一家收編出書而繼續流傳，其他則會形成偏方。

那氣功與靈療對於癌症的療效又如何呢？個案不說，如果有人宣稱他們有能力可以治好癌症，並且確實有效，那肯定聲名大噪，名利雙收，應接不暇。

這就是氣功與靈療相比較的結果，嚴重的絕症使不上手，對於一般的病痛比不上現在發達的醫學效果好，小毛病也根本不需要用到氣功與靈療。

這樣說來，好像氣功與靈療一點用處都沒有，那那麼多的靈療團體又從何而來，而靈修者的這項靈療能力又要用在什麼地方呢？事實上，這也是我們一再強調的重點，生病看醫生，而氣功與靈療只是用來輔助現代醫學，可以加快痊癒的速度，讓本來要三天才會好的病痛，可以提早好，如此而已，所以其實很多氣功、靈療團體都只是強調改善身體的部分而已，一方面也是因為政府不允許非醫療團體宣稱有療效，但一般人還是會有先入為主的觀念，還是會尋找這些氣功、靈療團體的幫助，尤其是久病不癒、特別是被正統醫學宣佈為絕症者。

事實上，我們所謂的靈療主要還是用在無形的干擾上，這才是真正屬於靈療的工作，而與一般所謂的靈療是針對身體的病痛有很大的不同。當我們身體受到無形的干擾時，一樣會產生像疾病的症狀，而這些是正統醫學所沒有辦法治癒的，不是吃藥吃不好，就是好了很快又復發，什麼方式都試過了，就是沒辦法痊癒，通常這些現象如果真的屬於無形的干擾，那當我們把無形的干擾處理掉之後，這些身體上的症狀，配合醫藥，很快會得到改善，甚至於完全痊癒。

一般人不太了解這過程，如果我們不加以說明，那又是一項神蹟的出現，這樣又開始循環了，流言就此展開：「某某靈修者真是厲害，我在醫院看不好的病，經過他處理一下，很快就好了」。可是真的每次都有那麼順利嗎？當遇到真正的疾病，而不是無形的干擾時，這些靈療還會有那麼神奇的療效嗎？

這現象就是一般所謂的靈光病、因果病，這也可以在街上看到許多宮壇的廣告上就是這樣寫的，這是很多人的共同經驗，事實上是真有這些現象，但重點在於不是所有疾病都是靈光病、因果病，當一般人遇到真正的疾病，而把這當成靈光病、因果病來處理，那同樣沒有效果，這也是一般宮壇是受人詬病呢，還是會聲名大噪的差異所在。

而一般靈修者，尤其是有從事相關業務的靈修者當有能力分辨其中的差異才是，就像醫生須有能力分辨真病與假病，以及要如何醫治真病，而宮壇的靈修者則需要有能力分辨是真病還是靈光病、因果病，而不是把所有找上門的信眾都認定一定是靈光病、因果病，把真病當靈光病來處理，那肯定效果有限。

話說回來，真的要把靈療用在對抗疾病身上，還是有可能的，當我們把所有病痛一直切割到量子的狀態，直接從量子著手，把它重新組合，好的留下來，壞的剔除，理論上這樣可以治百病，那需要的意念與能量不可量計，也許真有人可以達到這樣的效果也說不定，世界無奇不有，但那已不是靈療的範疇，而可以算是真正的神蹟了。

啟靈

啟靈就是讓我們知道我們本靈的存在，一般而言，我們會因為幾種原因而啟靈，被人為的啟靈，因靈動而啟靈，或是去廟宇會靈而啟靈，最常見的就是在廟裡看到有人不停地打嗝、流淚，或是大哭等等。而這階段應該也會很快的過去，因為啟靈是瞬間的事，一下子就有了，啟靈是不需要花很長的時間的。

事實上，啟靈之後就算是有靈通的能力，可以與自己的本靈溝通，或是接收其他外靈的訊息等等，只是我們的色身還不熟悉怎麼與自己的本靈同步運作。而啟靈是靈修必經的過程，啟靈之後才是真正靈修的開始，如果沒有啟靈，不管聽人家描述，或是自己所看到的，都只是增加自己的見聞而已，與靈修無關。

再談啟靈

簡單用電影的故事來說明，也許有些人更能了解什麼是啟靈，以及為什麼啟靈是靈修的開始。介紹電影「黑色豪門企業（The Firm）」。

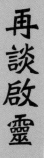

有位年輕人初出社會要找工作，結果來到一間七人的小公司，公司雖小，但業務繁忙，每個人各司其職，盡忠職守，不會互相干涉，上面有總經理、董事長等等。這年輕人在這間小公司如魚得水，工作很有發展性，而且業務不停的成長，長官也賞罰分明，待遇紅利誘人，但是這位聰詰的年輕人老是會找到一些蛛絲馬跡，好像這間公司有個很大的秘密，而這個秘密好像其他同仁都沒有發覺。

他有心想找出這個秘密，從公司的業務，其他公司的員工，甚至於自己的長官也不放過，一一探究。這勤奮的年輕人，運氣不錯，終於讓他找到了，原來這公司不像表面那麼單純，這小公司的存在，是為了更大的不法利益而存在的，背後還存在著黑幫的大老闆，而這大老闆才是掌握一切的主宰者，平時神龍不見尾，但卻主導著公司的發展與存亡。

用這小公司來比喻我們自身，這檯面上的公司同仁就像是我們的諸識，一般公司的員工可能連董事長都沒見過，就像很多人可以認知的就只有六識，可能連第七識（總經理）都沒見過，更不用說第八識（董事長）了，那這時候要談修道還太早。

而啟靈跟這故事有什麼關聯之處呢？我們的靈就像是幕後大老闆，沒有靈，我們什麼都不是，連存在都不可能。故事中的主人翁要花很大的工夫才能找到，就像禪宗要不斷的參究，才有可能認識到本來的面目、真正的主人、本靈、第八識。

啟靈就像，如果當初這年輕人一進公司，就有其他人告知他這間小公司的真相，讓他知道這小公司最大的秘密，讓他不用花那麼多工夫去尋找，好像得來全不費工夫似的，也想它真接與幕後大老闆認識、對話、溝通等等，這就是啟靈。

當故事中的年輕人知道幕後的大老闆是黑幫老大時，他只有幾個選擇，選擇之後，就是這輩子該走的路了，不可能有回頭的機會。就像我們啟靈之後一樣，已經知道我們真正的主人了，而前人也告訴我們該走的路了，不論是成佛成仙、解脫生死、名列仙班、復古收圓等等，當然也可以不甘願地哭訴，我不要修行，這條路太苦了等等，這就是靈修的亂象之一，不是每個人都想走在正確的路上，反而大多數的靈修者選擇了逃避的路，每天跟大老闆哭訴說，這不是我要走的路，這不是我的人生，我的人生是美好的、享樂的、富貴的、權勢的。我才不要修行呢？修行那麼苦、那麼無聊。

而這背後的大老闆，可能是有財有勢的大人物，也可能是平凡的上班族拿僅有的積蓄出來開的。這可以解釋有些靈修者啟靈之後，進步很快而且能力表現的很好，而這些靈修者只佔極少數而已。也有些靈修者本來就沒什麼能力，只是有善因緣往生天界而已，啟靈之後幾乎一切還是要從頭修過。

所以啟靈只是方便法門，只是修行的開始，讓我們能減少摸索的時間，而啟靈之後自己的決定才是自己會走的路，祈望各位靈修者都能走在正確的路上。

開文

而啟靈之後，會開始想拿筆寫一些東西，最先就像是自動手寫系統似的，筆拿起來就開始鬼畫符，字不像字，畫不像畫，這些字畫的來源，有些是本靈自己寫的，有時候則是接收其他外靈的訊息所寫下的，而這個階段初學者還蠻容易接受的，反正寫什麼也都不知道，反正就是亂畫一通吧，手自然而然的寫就是了。

等到一段時間之後，慢慢地會開始出現一些白字，也就是大家都認識的字，當白字越來越多的時候，有些人就開始懷疑了，這真的是我的本靈或是其他外靈所寫的嗎？還是我自己想寫的呢？這時候反而不太有自信了，然後有人會慢慢地不想寫了，也不知道這些是誰寫的，到底是真的還是假的，而這些訊息又有什麼用途等等等。

這時候該注意的是，跟靜坐、靈動一樣，最好還是在神尊前，恭請靈主再寫，因為一開始都是自己的本靈在寫，但很多時候是其他外靈的訊息，如果沒有把握，那不如不寫。當白字開始出現時，大多是靈主在教導了，靈主會給我們必要的訊息，這時候最重要的是，當心頭出現什麼字都不要懷疑，寫就對了，一開始想、一開始懷疑接收到的訊息就會開始亂，這時候最重要的是要保持平心靜氣，寫就對了。

之後就是要確定這些訊息的正確性以及合不合理，不合理的就不要做，而且這些功課或是法門都是可以跟靈主商量的。這時候可以慢慢地請教自己靈主問題了，也可以開始查資料了，怎麼查呢？就開文的時候，在心裡頭問問題，而手上的筆自己會寫出答案來，這時候寫得太多很長也很白話，記得這些訊息要寫下日期，以及是哪位神佛所給的訊息，並保存下來，以待他日印證之用。

靈語

在上面使用的語言，就叫作「天語」或是「靈語」，也是一般靈修者常常聽到的，也是另一個會遇到的靈修關卡，而跟「開文」一樣，都是靈修重要的修行法門，而初學者最容易敗在這一關，因為不知道怎麼開口，一開口都是自己要說的話，可是要突破這關還算蠻容易的，因為跟「開文」一樣，也是想都不用想，自然開口就會了，反正也都聽不懂，就隨便亂說一通吧，反而能說出真正該說的靈語呢，所以啟靈之後要說靈語其實真的很簡單。

所以靈語的重點不是在於怎麼說，而是在於知道自己在說些什麼，以及聽得懂別人所說的靈語，有看過的人應該都知道，靈語都是有意思的，兩個聽不懂靈語的人，也是可以對談如流，而旁邊如果有人聽得懂，順便在一旁翻譯的話，可以看到那兩個聽不懂的人一直點頭如搗蒜，而聽得懂的人應該是真正聽得懂的，絕對不是亂唬人的，因為當真正的神佛降駕時，有時候不想讓其他人知道天機，會全部過程都說「天語」，如果聽不懂亂回答，是會被修理斥責的。

而為什麼很多人說了好幾年還是沒有進步呢？一直沒辦法進化到說「白話」，一方面可能缺乏練習，另一方面缺乏竅門吧，跟練習任何語言都一樣，勤加練習是不二法門，另一個就是要即席翻譯，也就是口說靈語的時候，心裡就要馬上翻成白話，而心裡想的話也要馬上翻成「靈語」，這就是竅門，當自己可以很順口的將要說的話翻成靈語的時候，大概也就聽得懂別人的靈語了。

當會說靈語而不知道靈語的意思時，應該反過來練習看看，也就是說，試著把心裡頭要講的話，直接用靈語說出來，嘗試把這時候所說出來的靈語聽懂，因為這時候靈語的意思就是剛剛心裡頭所想表達的意思。這意思就是說，要試著控制自己不要說自己不知道意思的靈語，而是要說自己知道的靈語。等到這部分熟練之後，應該可以了解自己所說靈語的大意了，也就是說這時候靈語雖然不像白話那麼容易了解，但至少靈語的意思不會相差太遠了，其他就剩下自己找時間多加練習了。

而靈語主要傳達的意義在於音波，而不在於單字發音或是音節、音調等等。

所以要把靈語直接用工具語言翻成白話是不可能的，這也可以算是俗稱的不能翻譯的語言，講白話一點就是沒有意義的語言，因為連分析都沒辦法。所以大部分的語研科學家都知道有這種宗教的「異語」，但大多不承認這也算是一種語言的緣故。

正因為靈語的意義在於音波的傳遞上，所以要聽懂靈語的關鍵在於，專注於音波之上，而不要浪費心力去注意音調、單音的發音上。這才是關鍵之處。

靈逼體

靈逼體是靈修者最常聽見的靈修現象之一，靈修者幾乎可以說把大部分所遇到生活不順遂之事，全都歸咎於「靈逼體」，這樣的做法有個好處，可以把所有的問題簡單化，以不變應萬變，凡是走靈修之人，必會有靈逼體的現象，把所有問題全都指向一個定點之上，要說好用是真的很好用，但卻也會造成靈修者無所適從。

按照靈逼體的說法，凡是靈修者生意失敗是靈逼體所造成的；健康有問題是靈逼體造成的；感情不順是靈逼體造成的；家庭失和是靈逼體造成的。凡是靈修者所遇到的問題大都是靈逼體，都是不知道要修所造成的，所以靈修者一定要修，一定要到道場，一定要走靈山，不然就會靈逼體。

至於是什麼靈在逼體，就有點微妙了，很多靈修者會認為是仙佛所造成的，其目的就是為了讓靈修者知道要修，所以會常看到有靈修者在會靈時，在仙佛面前訴苦，把自己的不順遂怪罪於神明身上。但神佛都是慈悲的，又怎麼會用這麼激烈的方式逼人修呢？事實上神佛並不會這樣做，一切都是靈修者的本靈自己在逼自己，因為本靈自己知道要修，以及如果不修行的話其結果會是如何。

話說回來，我們自己的靈，是否真有這個能力讓我們事事不順呢？我們的靈有這個本領讓我們生意失敗嗎？我們的靈會使我們感情失和嗎？個人是蠻存疑的。

如果我們的靈有這個能力讓我們事事不順，那是不是也有能力使我們事事順心呢？是不是也可能讓我們生意興旺，生活美滿呢？

不是每個靈修者的靈都可以有如此強大的能力，而有此能力的靈修者，其本身的修為必有相當的程度，又怎麼可能會受到靈的能力影響呢？

所以我們不會把所有生活上所遭遇的問題全都歸咎於「靈逼體」之上。

事實上，真正的靈逼體現象少之又少，當我們的靈已覺醒，而卻尚未走上修行之路，我們的靈會讓我們本身不舒服，但看醫生又找不出毛病，有時候會昏昏沉沉的，不知道在想什麼，甚至於頭痛、脾氣暴躁。

當這些現象持續發生，必定會對我們的生活有不好的影響，因為我們本身的狀況已經不太好了，在人際關係上，以及做事方法自然沒有那麼周延，難免會有所疏忽，不是不小心得罪別人，就是事情辦不好。

而當這靈逼體現象發生時，如果接觸到修行相關的事物，不論是經文，還是佛曲，或是聽人家談修行，都會心平氣和的想要聽下去，不聽就會難過，那可以肯定是靈逼體的現象，是時候該修行了。

但如果已經走在修行的路上，有持續在精進，卻依然發生生活不順遂之情事。那就該考慮是不是有其他外力所造成的，是不是真的生病了；男女雙方感情已經不再有而分手；生意不佳是不是因為大環境所造成的，還是因為風水上出現了問題，這些方面都是可以考慮，而非把所有的不順全都算在靈逼體身上，這樣對於真正的問題沒辦法解決。

點靈

當修行到一定的階段後，也已經開始講「靈語」以及「開文」後，這時候也可以去「點靈」，有些靈修者的任務就是專門負責點靈，告訴別人，他本靈的來源，靈母是誰，靈主又是誰，要去哪間廟找哪位主神、做什麼事，以及為什麼要這樣做的原因，都會講的一清二楚，絕不含糊。其中最有名的當屬南州忠德堂，這也是「靈山法門」的起源，因為點靈時都會要去找靈主、母，所以或多或少會跑幾間有名的大廟，其中一定有所謂五母的廟，事實上也不會五間廟都要去，真正有緣分的廟只有一、二間，就是有很多人都是「拿香跟拜」也不知道拜什麼，也不知道今天來這廟宇是要做什麼，所以才會有那麼多人跑靈山出問題。

在點靈初期，會去跑靈山的人，都是知道為什麼要去，以及要去做什麼，但是也有人有看到商機，於是就專門帶人家跑靈山，別人是有任務去廟裡，而他們是全台灣各大廟朝山之旅，反正逢廟必拜，有空就是跑靈山，坊間也可以看到「全省朝山地址」裡面大大小小廟宇幾百間，一整年跑下來還跑不完，而且這些廟宇隨時在增加中。

為什麼需要點靈呢？點靈跟啟靈不一樣，啟靈是讓你知道有靈的存在，而點靈是讓你知道靈的來歷，而知道之後會比較好修，至少知道要找哪位神明當靠山，以及我們主要學習的對象。那是不是一定要去點靈呢？那倒也不需要，因為修行一段時間後，自己大概也知道自己跟哪些神明有緣，只是不敢很確定而已，而很厲害的點靈者，是可以說得很詳細以及很確定，所以如果自己大概有點知道，又不太確定時，還是找人確定一下比較好，但要記住一個重點，點靈是不需要花很多錢的，如果要花大錢那就不需要了。如南州忠德堂也只酌收香油錢「拾元」而已，當然也可以包紅包，桌上就有一堆，紅包袋，不包也沒關係，看自己心意。

另一個判別方法就是，看看去哪幾間廟特別有感應，特別會直接掉眼淚的，那就是跟你很有緣的，而一般比較沒有因緣的廟，是不會有什麼想掉眼淚的衝動，但靈修一段時間之後，就算是與有緣分的神明面前，初次見面也不會掉眼淚才是，而是直接有感應這就是了。

靜坐

打坐是大家最常看到的修行方式，這點在東西方或是不同教派的修行者都一樣，到最後都是「靜坐」，可是大家表面上都是在靜坐，那靜坐到底在坐什麼呢？他們靜坐時又在想些什麼或是做什麼呢？

一般在靜坐的時候，不論是不是靈修者都應該請護法，坐下來的時候，在心裡頭默唸「弟子ＸＸＸ在這裡靜坐，恭請諸佛菩薩加持護法」，如果是靈修者已經知道自己的靈主了，一樣在心裡恭請自己的靈主護持。這是一定要的步驟，只是很多人都忽略了，如果沒遇到無形的干擾那還好，要是附近有無形的朋友在，那你就好玩了，除非本靈很強，不然只能任祂們宰割。

而靈修者在靜坐的時候，是不是也跟一般禪坐一樣在觀「空」呢？基本上觀空是色身的修法，只能得解脫道，沒辦法得到般若（智慧），只能觀到生命的空性，無法得到整個法界的實相，而這樣子的修行內涵目前根本不適合靈修者，因為觀「空」是在修行的最後步驟才能有所成就，整個法界的實相都還不能了解透徹，就想觀「空」成佛，那是緣木求魚，所以目前靈修者在靜坐時該做的事是不斷的思考，不斷的跟自己的本靈溝通，不斷的跟自己的靈主請教法門，另一方面提高自己的「氣」，讓自己的本靈不斷的成長，這個階段要一直到真正的靈體合一為止。

等到靈體合一之後，因為累世所修得法門都已經回憶起了，這時才是真正開始觀空的時候，這時候的「空」，不是之前的生命實相的空，而是更進一步觀整個法界實相的空，二者的差別，簡單來說就是，生命實相的空只是世間智，只存在於色身跟地球上，而整個法界實相則包含地球、銀河、宇宙等等所有一切的出世間智。而出世間智才是真正的般若，才是真正修行的目的。

禪七都是教大家要放下妄想，要一念不生，當坐到一念不起，證得離念靈知心時，就是開悟了，換句話說，就是入定越久，悟道的境界越高，所以在打坐的時候就是要觀空，因此教了很多觀「空」的法門，數息法、觀鼻、觀心法、內觀、不淨觀等等，都是要不起妄想的法門。舉例說明，如果沒背過九九乘法表，怎麼會算數，怎麼會乘除，怎麼會代數，更不用說之後的微積分，如果什麼都放空就可以得到智慧，那我們應該不用受教育了，上學校就學打坐就好了。對於要修什麼都不知道、該修什麼都不知道，對於整個法界的實相一點疑情都沒有，怎麼修呢？

當年釋迦牟尼佛因有感於人生，生老病死苦，苦多樂少，而在菩提樹下結跏趺坐，苦思離苦得樂法門，而事實上那也是外道六師修行的目的，而佛陀早年也都修學過這些外道六師的法門，而當佛陀悟道人生實相，離苦得樂之法後，還是繼續苦思參究整個法界的實相，以及為什麼要生死輪迴，在生死輪迴之外又存在什麼呢？佛陀是苦思參究悟道的，而不是靜坐觀空一念不起悟道的。就像『雜阿含經』卷十二・二八七經——（大正藏編號）說：「我憶宿命未成正覺時，獨一靜處專精禪思，作是念言：何法有故老死有？何法緣故老死有？即正思惟生如實無間等，生有故老死有，生緣故老死有……」。

所以修行的初期應該是，對於所有一切生命的實相都要有疑情，應該先要有所懷疑才能成長吧，如果所有的答案都是別人告訴你的，自己都沒有思想，沒有參究，沒有實證，怎麼修道呢？所以修行初期最重要的事，就是要不斷的思考，對於所有一切都要先存疑，然後去思考去參究，但是也不能自讚毀他，貢高我慢，認為自己悟道的境界就是正確的，就是正法，這時候還是要從善知識，還有佛陀所傳下來的經典去印證，所以為什麼一定要看看「楞伽經」，還有其他唯識的經典等等，不然可能誤入魔道還不自覺。

那什麼時候才是觀空的時機呢？等到確實悟道後，一切法界實相都了解了，就可以、也才可以閉關自修了，就像達摩祖師一樣面壁九年，這時候的境界就完全不一樣了，入定、元神出竅，遨遊整個法界，去找佛陀印證整個法界實相。是不是一定修行那麼多年才能到達這種境界呢？那倒也不一定，就靈修而言，靈修得法的話，一切都很快，人家是苦修，靈修是跳著修，因為累世真的都修過了，只要找回累世的記憶後，接著下去繼續修行即可，所以靈修法門反而一開始就教大家要靜坐，因為一開始就是要先找回自己累世的記憶。所以修行分兩種，參禪是要不斷的思考，就像日本道元禪師在其《正法眼藏——三昧王三昧》中寫到：

先師古佛云：「參禪者，身心脫落也。只管打坐始得。不要燒香、禮拜、念佛、修懺、看經。」

而靈修是不斷的靜坐，而靜坐不是在比賽耐力，不是在比賽誰坐得比較久，而是該坐的時候坐，該起來的時候就起來，而不是一定坐很久的時間才叫靜坐，這才是自然法門。

靈山法門

靈山法門是一種總稱，將某些特定廟宇的朝山之旅，統稱為靈山法門，也就是所謂的「跑靈山」，然而跑靈山也是靈修的方法之一，靈修一切以修持「本靈」為本，並以跑靈山為輔，而跑靈山有其需要性，但又非其必要性，怎麼說呢？

一般靈修者不論是自己啟靈，或是被他人點靈，而啟靈都一樣，都會知道是時候自己該修了。自行啟靈者會自己有感應，有時候初聽到某些廟宇的名字，心裡會有個聲音，讓自己覺得該找個時間去這些廟宇一趟。而被點靈者會被告知更詳細點，這時候會知道自己的本靈、靈脈、靈主等等，也會被告知去哪間主廟會靈，常見的就是五母廟。而這些廟宇大多是在山上，所以簡稱為跑靈山。

而什麼是需要跑靈山呢？主要還是因為這些著名的廟宇大多是在於地靈人傑的福地，本身的氣場就很好，對於跑靈山者大有好處，就算不是抱著靈修的目的前來，而單純只是出門踏青，看看風景、出門走走，對身心也是不錯的。而對於靈修者而言，在這些著名的廟宇，可以得到該神祇的加持，並與這些神祇建立聯結，以便日後靈修之路更順遂等等。

當我們靈修繼續成長之後，通常都可以確認滿天神佛的存在，這時候開始有感應的能力了，本靈或是其他神祇也會給我們訊息，會指派我們特定去特定的廟宇，有時候去接令（辦事、靈療等等執照）、接寶（法寶斬妖除魔、保護本靈等等），當然有時候也只是單純出去遊山玩水的也有，這也是跑靈山的目的之一。

而這些所謂的靈山，所謂的五母，大多屬於道教的神祇，極少部分屬於佛教的，著名就是嘉義半天岩的佛母了。然而母娘慈悲，在靈修者啟靈之初，會想回歸母娘的懷抱，以解累世以來的思親之苦，這也是必要跑靈山的主因之一，就像多年流浪在外的遊子，必須自己回到母娘的家鄉一樣，而不該也不會是，遊子流浪在外地，而必須由母娘親身去外地找這遊子團圓，這有違人倫，也不是靈修者該做的行為。很多靈修者會反對跑靈山，認為只要自己在家修得好即可，不需要去跑靈山找母娘，如果真有必要與母娘相會，母娘自然會來我們家找我們，並且認為跑靈山是勞民傷財之舉，個人覺得這是謬論。

而跑靈山的非必要性在於，當我們與我們的靈主、母等主要的神祇都建立關聯之後，通常在任何地方都可以感應得到才是，所以很多事情在家裡進行即可，也就是說，很多在跑靈山過程中會發生的事情，慢慢地在家裡就可以進行了，因為有時候神祇會主動來家裡坐坐，我們能力夠時，也可以在家裡恭請神祇到場。這時候才是跑靈山的非必要性，而這二者的差別在於，自己的本靈是否足夠能力承擔這些，是否有能力與諸神祉建立聯結，並且當我們恭請神祇時，諸神祇也會降臨才是。

靈動

靈動顧名思義就是由靈帶領著色身運動，也可以叫做「訓體」，訓練身體，讓色身早點感應到靈的存在，以及配合本靈成長，更快速地靈體合一，而這也是坊間常看到的「自發功」，而與「自發功」相同的地方在於，表現在外面的行為很類似，也就是說練習時所做的動作都一樣，差別在於二者的內涵完全不一樣。

而練習自發功者，大都認為是氣在帶領著色身做動作，在做動作的時候，什麼都不要想，也不要制止，持續做動作，譬如說當在高速自轉時，最好一直轉，轉到自然停下來為止，即使跌倒了也要趕快爬起來繼續轉，包含所有動作，最好都是做到「收功」為止。在人體裡面存在著「經絡」，而練過氣功的人都知道，氣是在經絡裡面跑的，而穴道是氣的中繼站，而上、中、下內丹，是氣的儲存站。坊間常見的太極拳是由動作導引氣在運行，而自發功是由氣導引身體做動作，二者也完全不同。但是，氣本身沒有任何「意識」，氣本身沒有「思想」，更不用說氣能帶領著我們的色身做任何的動作，所以太極拳所講究的「以心行氣」才是正確，氣應該是由我們色身的意志去控制才對，我們的大腦跟色身，再怎麼樣也不可能讓「氣」喧賓奪主。

而真正帶領我們做動作的其實是的「靈」，不管是本靈還是其他外靈，關於這點，如果有人因先練自發功而啟靈者，大概也可以自己慢慢確定了，而如果是由「靈修」的靈修者帶入門者，當然也早就知道是靈在帶動作，這點也是練自發功而遲遲未啟靈者，所無法接受的，因為他們還是感覺不到靈的存在，更不用說跟靈做溝通了。

而靈動跟自發功內涵差異主要有二點：

一、靈動者會先恭請護法加持，以保護靈不受其他外靈侵犯與干擾，自發功則否。

二、靈動者可以跟靈溝通，任何動作都可以隨時喊停，而自發功則否。

所以靈修法門講求的是，本靈的修持，所以是可以隨心所欲的，想動就動，想靜就靜的，所有一切動作都是由本靈或是靈主作主，對於一般修行法門而言，這是最好的修行方式，也是最自然的修行方式，是由最好的明師帶領者，而有正知正見者，沒有邪念者，大可以放手任由本靈帶領做動作，也不用擔心會走偏路，可是事實上並不是這樣，有太多人老是懷疑、擔心，一定要有人指導，一定要走靈山，一定要如何如何才叫修行，反而這些都不是真正的「靈修法門」。

一般大廟都會選擇在氣場很好的地方，這也是很多跑靈山者喜歡去那邊靈動的原因之一，因為氣場真的很好，而且還有神明加持，機緣福報好者，神明會直接帶靈動者做動作以及調氣，事後靈動者會覺得特別神清氣爽，但是這也要靈動者本身可以承受強大的氣場加持，一般初學者本身氣場不夠強，本身沒辦法承受，反而是不要靈動的好，不然一定吐得亂七八糟的，而這也是一般沒有修行但突然有感應者，去大廟會覺得這些廟宇的氣場很不好，反而是一些小廟的氣場很好，他們會認為這些大廟都是被魔入侵了，所以他們才會覺得很不舒服，事實上，他們的認定是有可能的，但另一個可能就是他們本身的氣場不夠強，所以不能承受反而造成本身的不舒服，卻認為是這些大廟都有問題。

感應

在靈修一段時間後，應該開始會有所「感應」了，感應什麼呢？一般會先對附近的氣場不同而有所反應，起雞皮疙瘩、打哈欠、起冷顫、流眼淚等等，反正就是不舒服，整個人都不對勁，這時候還不能分辨哪裡不同。這時候有沒有師兄姐在旁指導就差很多了，如果每次旁邊都有人可以指點說，現在是什麼情況，現在來的是什麼神明，或是現在來的是冤親債主，還是「公媽」呢，以及如何分辨是不是真的神明，以及該怎麼分辨等等，這些都是很重要的步驟，因為一步錯步步錯。而沒有人可以指導者，則需要花更多的時間自己摸索。

那沒有前輩可以指導者又該怎麼辦呢？很多通靈者求助無門的也是在這部分，因為他們都有感應，可是這麼多年下來，還是一直沒辦法分辨神、魔的不同，更有很多人受到佛家「楞嚴經」的影響，一味的認定都是魔通，反正「佛來佛斬、魔來魔斬」一概不理，這麼多年下來不被「靈逼體」才怪，這也是很多通靈者修得很好，也過得很順利，但有更多通靈者過的十分不順的分水嶺。那是不是一定要有「人」指導呢？如果是上根之人，而且修行的緣分十分不錯，單靠「本靈」以及「靈主」也可以修的十分順利，並不一定要有個共修的團體，因為人多口雜，不是修行人品德就一定很好，反而問題更多，人際關係、名利、男女關係等等都是問題。

那什麼是「感應」呢？簡單的說就是把感覺放得非常靈敏，一有不對勁，馬上就要知道現在是什麼狀況，一般來說，神佛來的時候，整個氣場是很舒服的，如果已經會採氣者，也可以補補氣，而一般屬於陰界的朋友，整個氣場而言是不舒服的，怎麼形容呢，「如人飲水，冷暖自知」，所以很多人會問通靈者怎麼知道剛剛是菩薩來，怎麼證明，說真的，無法證明給平常人知道，想要知道者請自己也去修行吧。這也是感應的重要，當然功力很高的修行者，不但可以感應，更可以直接看到神佛的存在，這又是另外一話。

佛光大辭典：「眾生有善根感動之機緣，佛應之而來，稱為感應。感，屬於眾生；應，屬於佛」。本來佛教是不排斥感應的，反而是從東晉以來，一直有佛教徒在收集、編輯、出版眾多菩薩感應錄，歷代都是如此，近代更是不惶多讓，尤其是在淨土宗的印光法師推崇之下，淨土宗出版了很多關於菩薩的感應錄，尤其是觀世音菩薩，因為觀世音菩薩也是西方三聖之一，可以接引眾生至西方極樂世界，對於淨土宗的推廣有很大的幫助。

市面上所出版的善書關於感應方面的，反而是以佛教團體居多，不一定是出家人，而是在家居士收集、出版者也不在少數，在「人間佛教」的觀念尚未普及推廣前，佛教團體是相當歡迎這些感應錄，而且十分重視並且廣大收集眾多案例，主因還是在於，佛教團體認為這些感應錄對於佛教有相呼應的作用，可以推廣並增加佛教徒的信心，以及吸引眾生關注於佛教，這些對於佛教的發展都是有利的。

但在近代這現象有所感應，有部分的佛教徒認為這些感應錄很容易讓正信佛教淪落為民間佛教，甚至於破壞佛教，因為講感應很容易會讓信徒沉迷於迷信之中，而外在還有很多講求感應的修行團體，正信佛教需與這些修行團體、民間信仰做區隔。而大力疾呼佛教需專注於佛理方面，而排除感應。

所以佛教對於感應的看法，從數千年來的接受與推廣，到了近代才有明顯的改變，分成了兩派，一派是完全不講感應，甚至於排斥感應。另一派則是有所感應，但也講感應，因為在佛教的檯面上，已沒有感應錄存在的空間，這點在民國五、六十年代中的佛教雜誌可以看出端倪，當時的時空背景下，發表了很多關於佛教徒感應的事蹟，甚至於廣大徵文，眾多文人仕紳競相發表自己感應的事蹟，也帶動了一般人對於佛教的敬仰，認為佛教不只是佛理方面，還可以在現實生活中對於人世間的苦難有所助益，只要能與諸佛菩薩相應。而這些感應錄在當代的佛教雜誌早已看不到蹤影了。

檯面上不講，不代表這現象不存在，感應這事從數千年來一直存在，也不是眾人討論出來的，不是大家不說就不存在，現在的佛教徒在檯面上不講感應，其他修行團體可是大肆宣揚，眾多辦事靈修者的案例，都可以視同感應錄，如果收集、出版發表，那也是洋洋灑灑的數以萬計的案例。也是因為佛教團體本身放棄了佛教中不可或缺的部分，佛教不講感應，那只能稱為佛學，只是學問的研究，而已無與佛相應了，就像佛光大辭典解說的「感應」眾生不呼，諸佛、菩薩又怎麼會相應呢？

但佛教徒本身，真正完全不講感應的還是少數，能諸佛、菩薩相應的佛教徒比比皆是，只是檯面上不說而已。

而靈修則不只感應而已，感應畢竟是單向的、被動的，靈修講求的是雙向，不只是感應，還必需要能溝通、交流，也可以說靈修是感應的進化，從數千年來眾生對於諸佛、菩薩的感應，到今日可以與滿天神佛的交流、對話，甚至於傳承了諸佛、菩薩入世助人，也可以視為是當佛教轉向於正信佛教之後，所引發出來的必然結果。

示現

感應之後就是「示現」，這就牽扯到「魔考」了，一般除了感應到現場氣場很好之外，我們都還會要求諸佛菩薩「示現」給我們看，還要報上聖號及出處才算，譬如說是觀世音菩薩的像，以及是哪一間廟還是某宮壇的菩薩，都是缺一不可的事，因為魔也可以「示現」騙人的，所以還要對於菩薩所交代的事情，要百分百的確認，以及要十分的合情合理，不然我們都不會造作的，而且諸佛菩薩，慈悲為懷，不會勉強人去做任何事，這點要切記。

而「示現」是分兩個等級，就像在「陰陽眼」（本書159頁）裡所提到的，一種就是我們在廟裡看到的形象，一種就是金光閃閃的「金身」，金身一般是很少看到的，除非諸佛菩薩要增加弟子的信心，不然也有人數十年都沒看過金身。而一般看到的形象呢？倒也不一定就像廟裡的神尊一樣，有時候會跟我們內心印象一樣，譬如說三清道祖的太上老君，就是有個白鬍子的老人騎在青牛上，而王母娘娘就是白髮慈祥的老母，而瑤池金母則是美艷的年輕少婦，而呂仙祖則是仙風道骨的道士打扮，這些都是常見的神佛，當然還有濟公禪師、太子等等也是很多。

世間沒有在靈修的人常常會以為王母娘娘、瑤池金母，以及眾多母娘都是同一個，因為在網路上可以查到的資料都是說二者是同一個，其他母娘也都是農曆七月十八日聖誕的，所以就認定是同一個，不只是一般世俗人這樣認為，很多靈修者也搞不清楚到底是不是同一個神祇，在「廟宇存在的意義」（本書148頁）裡有提過，世間對於神明的稱號及聖誕是人世間自己決定的，上面自然有自己的稱號，但是母娘為什麼會那麼多不同的稱號呢？因為都是不同的神祇下凡降駕，而自稱是「某某」母娘，人世間接受到的宮壇，自然就會以「某某」母娘著稱了。但功力高的通靈者是可以到上面看看的，自然就知道世間上的母娘都不是同一個，只是人世間把他們的聖誕都訂在同一天而已。

修行、靈通不是在修世間的知識，不是把整個百科全書背得滾瓜爛熟叫修行，不是從歷史上、古書上記載就信以為真，上面每本都寫王母娘娘與瑤池金母是同一人，就以為是同一人，這跟上面的事實是不符的。很多廟宇都有觀音佛祖，都是觀世音菩薩的分靈，但是也都是獨立的個體，每間廟宇的菩薩都是同一個也都不是同一個，所以不要去台北某廟的觀音佛祖問說上次在高雄某廟的觀音佛祖請求的事不知道辦得如何，上面是不會理你的，誰知道你在高雄說什麼啊，所以我們都一定會確認現在來的菩薩是哪一間廟宇的，因為這點也十分重要。

會靈

當開始可以清楚分辨神、魔了，當諸佛菩薩示現給你看時，你也能看得到，這時候也應該修行有一段時間了，通常這時候靈主大多會指示該去跑靈山出任務，通常跑靈山會有幾種任務，其中之一就是「會靈」，其他還有「接靈」、「接旨」、「接令」、「繳旨」等等。通常一開始都是從「會靈」開始，也有一開始就全部一起來的也有。

「會靈」簡單說就是與我們的靈主、靈母相會相認，他們當然知道我們本靈的來源，但是我們可能自己都不知道自己本靈的來源，會靈的目的是告訴我們靈主、靈母，我們已經知道我們的身世了，今天回來是要跟自己的靈母相認，所以很多師姐一到廟門口就開始大哭了，因為感動咩，在外面流浪好幾世了，今天終於有這個因緣可以回到母親的懷抱了，當然要大哭一場了。

我們的靈母看到我們很清楚的回到祂的懷抱了，當然也會很高興啦，母親的慈愛表現在外的就是，會送給我們很多禮物，很多法寶，有的還會派點工作做，這就是「接寶」、「接旨」、「接令」。重申一次，這些都是要自己很清楚的情況下才會發生，也就是說要自己清楚要去哪裡會靈才算，而不是說師兄叫我們去的，都是別人要我們去的，在自己都不清楚的情況下，當然不可能相認了，就算靈母要跟你相認，你也不可能知道的。

有時候會靈也會幫我們開竅，也就是幫我們在修行的路上走得比較順利，有時候幫我們開智慧，有時候幫我們打開經絡的關卡，而每個人靈修時遇到的問題大多不一樣，這就是我們為什麼要會靈的意義，這也是為什麼跑靈山會靈歷久不衰的原因，對於靈修而言，跑靈山會靈絕對有其必要性，但是不是自己要去就去，而是我們的靈主、本靈、靈母當中有指示我們才會去。

魔考

在修行一段時間後，上面多少都會給我們一些考驗，就像我們讀書時也有大、小考試一樣，看看我們對於目前修行的進度如何，這也就是所謂的「魔考」，考看看對於修行是不是有堅定的信心，就像佛陀即將得道成為覺悟者時，魔王也要來考一番。而魔考跟靈逼體感覺上很相似，但二者還是有很大的差別。

靈逼體就是靈修者，還不知道要修，或是不知道該怎麼修，或是有天命之人，忘記自己的天命，或是不知道怎麼從事我們的天命，而靈逼體最主要的目的就是使人去走上正確的修行路，或是正確的從事自己該執行的任務。

而魔考主要是考看看對於人生是否還有執著，對於酒、色、財、氣、愛、恨、情、仇等等。但是又跟靈逼體有很大的不同，譬如說財好了，當靈逼體時會讓工作事業什麼都不順，做什麼都失敗，做什麼賠錢，而負債累累。而魔考不會讓人負債，反而會讓人突然得到一大筆錢財，看看對於財富的看法及怎麼使用，會不會退失道心，從此奢華過日呢。

因為有些靈修者都是有任務在身的，都有很重要的事要做，所以靈修者已經走上修行之路後，應該是要開始幫助別人了，如果還要為三餐打拼，整天忙著賺錢，那真的不是魔考，而是還在靈逼體的階段，也就是很多靈修者把魔考跟靈逼體搞混了，那又為什麼修行那麼久還在靈逼體的階段呢，可能只有一個原因，修行沒有走在正法上，有可能走偏了還不曉得，上面在逼你走正路，你卻覺得上面在給你考驗。

當初魔王要考驗佛陀，當然是派出絕色妖媚的美女來誘惑佛陀，而名氣也是如此。所以魔考是給人很好很好的生活條件使人墮落，而靈逼體是給人很壞很壞的生活條件，使人想去找出答案，而走上修行之路，所以靈修之人對於這二者要分清楚，對於判斷自己有沒有走在上面安排我們該走的路上，是很好的指標，如果是魔考，那考過就好了，那如果還是在靈逼體的階段，就該認真檢討自己是不是有走偏了。最後要記住，諸佛菩薩都是慈悲的，絕不會是逼人走上絕路，只要好好修，生活一定會過得去，但是也不會太好過到什麼都不用做，每天閒閒不知道怎麼過日子。

開宮

有些靈修者，不管是自己接到旨令，或是經由其他人告知，有開宮壇的天命，但不是有開宮壇的天命就一定要背一間宮壇，因為有天命開宮跟有能力開宮是兩回事，開宮壇最基本的一定要有經濟能力，千萬不要以為要開宮壇，錢就會自己送上門，這是不可能的，因為在台灣私人的宮壇可能都比便利商店還多，很多靈修者或是有在拜拜的人，早就有自己常去的宮壇，不可能說你要開宮壇，他們就會自己轉移陣地，乖乖地送上香油錢，注意看的話，路上常有蓋不起來的宮壇，或是蓋好之後，冷冷清清沒什麼人的都有。

一般宮壇至少要有三尊神尊，這也是家神跟宮壇的分野，當然也有的宮壇二、三十尊神尊的也有，而為什麼需要開宮壇，簡單說就是準備要開始當神的代言人了，也就是準備要讓這些尊神尊發威，準備開始辦事了，而辦事時每次一定會有一位神尊主事，不管是用降駕或是靈通的方式都一樣，所以宮壇真正作主辦事的是這些神尊，真正得到這些功德的也是這些神尊。那些宮壇的主事者只是這些神明的代言人，功德果報還是要靠自己的修為，不能從這些辦事上得到功德，但是開宮壇對於這些修行者也是有很大的幫忙，也就是隨時都會有神明指導，而且辦事過程神尊早就把他們的竅門都打開了，讓他們更好修行。

而一般家裡很少會拜超過三尊神尊的，但是一定會常看到有些人家裡的神明三、五尊的都有，一般家神不開宮壇、不辦事，只是單純保護家宅平安的話，一尊神尊就夠了，其他都是多餘，反而增加外靈來共享香火的機會，而且家神的能力一定比一般宮壇小很多，除非有在辦事，能增加神尊的能力，不然是不能期待家神跟大廟的神明一樣無所不能，頂多就是家宅平安，趨吉避凶而已。

而開宮壇最重要的還是在於，主事者是不是有能力了，是不是已經走得很穩了，能忠實的當神的代言人，不能說神尊的能力很強，大部分的事情都能很圓滿的處理了，可是轉移到主事者身上只剩下十分之一，大部分事情都處理不好，或是有邪靈來挑戰了，也沒辦法應戰，這些只會增加主事者的麻煩，很多宮壇就是這樣起來，也這樣倒下了。而且不要認為開間宮壇別人就會認為你很行，反而開

在市區裡的話，還要接受左鄰右舍的評論指指點點等等，所以宮壇除了經濟能力外，另外一項就是主事者的能力、品行、操守、魅力等等，為什麼網路上就是會有很多人口耳相傳，每天車水馬龍、門庭若市，還要掛號，還常掛不上去，而為什麼又有些宮壇就是沒人要去。

所以有開宮壇天命的靈修者，一定要考慮清楚，不是開完宮壇就什麼問題都沒有了，一間宮壇最基本的開銷，以及百年後有沒有人願意接都是個問題，而靈修者者開有形的宮壇不是唯一的選擇，事實上還有另一個選擇，可以開無形的宮壇，也就是一樣有神尊在旁協助，而且可以到處走透透，不需要被固定在所開的宮壇裡走不開，所以有天命的靈修者，都可以跟自己的靈主打商量，可不可以開無形的宮壇就好，不然背一間有形的宮壇真的很累。

神尊

靈修者在開宮之前，還會遇到一個問題，就是神尊的問題，當靈修一段時間後，基本的能力都俱備了，也可感應到、看得到示現時，通常都會被要求安神尊，這是指自己有收到指示的情況，如果是由其他靈修者告知的不算，因為這件事還需要其他人告訴你，只表示自己還沒有準備好，如果這時候強要安神尊反而是百害而無一利，但是如果在靈修之前，家中早有供奉神尊者，又是另外一回事了。

而安神尊通常會有幾個目的，最常見的就是神尊要發威，這也是一般靈修者有在辦事，所最常見的功能，但是也有人自己已經修為很好了，本靈也很強了，可以不用神尊幫忙了，而這類型的人通常也不會安神尊，但是辦事過程中也不會有神尊相助，一切好壞需要自己承擔，這類型的人只佔少部分，因為一般在靈修過程中初期就會遇到這問題，不會等到有接旨令該開宮辦事，才需要考慮這個問題，所以需要安神尊者很早就安好了，而不安神尊者早也就決定不安神尊。

在之前的「廟宇存在的意義」（本書148頁）這篇有提到，真正是要辦事得功德是廟裡的神明們，而安神尊發威也是一樣的意思，辦事所得的功德都是該神尊得到，靈修者是一點功德都沒有的，所以要安神尊的靈修者這點一定要很清楚，因為神明需要這些功德，所以祂們也會去找有緣分、有能力者，來讓祂們發威，這也是他們的修行及功課，等到功德足夠後才晉升。所以靈修者當有收到指示需要安神尊時，一定要問清楚安神尊的功能，是要發威呢，還要保護家宅平安，還是要指導修行等等，而靈修者自己也要考慮自己家裡的情況，有沒有地方安神尊，家中成員的意見又是如何，自己是不是能做的了主，不然如果家中還有大人在，而大人不想安神尊時，那又該怎麼辦呢，需不需要為了神尊而家庭革命呢。

神明降駕附體

神明降駕附身是在靈修初期還可能會發生的一個現象，如果是自己獨自修行者可能比較不會發生，因為神明降駕附身，必定是在一群人才會發生，如果是獨自一個人，旁邊也沒有任何人可以協助，或者是需要處理，基本上是不太可以會發生神明降駕附身之情事。

但如果是在靈修團體中修行者就可能會很常看到神明降駕附身，大部分的靈修團體都會有神明降駕附身在某一位師兄姐的身上，不論是在宮壇裡的某神尊，或是某位路過或是有因緣的神明，當然也可能是其他外靈等。而且會發生神明降駕之情事，有時候是開示，有時候是處理個人所遇到的問題等等，神明不會無緣無故降駕下來，只為了找我們聊天。

在一般宮壇或是靈修團體中，這也是必要的練習過程，為什麼呢？靈修法門就是會跟鬼神打交道，而且靈修初期，尤其是剛啟靈時，是很容易被外靈侵入的，不論是神還是魔，如果沒有師兄姐帶，自己又沒辦法分辨是神是魔時，很容易引魔入體而走火入魔，之後的修行路就很難走了，很多靈修者就敗在這一點上，都已經有感應了，可是又分不清楚是神是魔，一有感應馬上就疑神疑鬼，老是擔心自己被卡陰了，每次都要找別人幫忙處理。

神明降駕附體最基本的作用，使靈修者可以分辨神與魔的不同，之後就是一般宮壇常見的，訓體、辦事、靈語、靈文、調氣等等，所以一般在靈修團體的新進靈修者，開始有感應後，每當有神明來時都會被要求接駕，這也是很重要的練習過程，也是訓練靈語最佳時機。因為很多神明降駕一開始還是會說靈語，甚至於只說靈語，如果聽不懂那也很麻煩。

但是除非有很重大的事情要處理，不然一般帶頭修行的師兄姐，是不喜歡被神明降駕附身的，當靈通之後就可以直接跟神明溝通了，所以他們不需要也不想要被神明降駕附身，這也是開頭所講的，大部分都是靈修初期者會被神明降駕附身，因為這也是必經之路。

也不是所有靈修團體都是如此，還是有很多宮壇的靈修者十分強調這一區塊，也就是每次都會恭請神明附身來辦事、訓體等等，一切依神明附身而定，而這些被附身的對象通常都是特定人士，很多都是由神明指定的，這樣的方式在這些宮壇裡會比較具有公信力。

乩童在被神明降駕附身時，所以需要桌頭翻譯，所以有很大人為操弄的空間，但是靈修者不需要如此，可是偏偏在一般宮壇裡還是常常看到神明降駕附身辦事，不是說這樣不好，只有高階的通靈者可以完全與神明溝通無誤，也只有高階的通靈者可以完全讓神明降駕附體，當個完全神的代言人，而一般初期的靈修者，表面上看起來好像都一樣，事實上很容易一考就倒，因為還是有很大的個人意識存在，無法完全表達出神明的旨意，這也是一般人對於靈修以及降駕有很大的偏見所在。

神明降駕附身由來已久，從早期的無生命的物品，如桌子、椅子、手轎，經過了數百年才發展到附身在乩童身上，但乩童無法口說白話，需要旁邊有桌頭幫忙翻譯，這也給了桌頭很大的空間詮釋神旨。

直到近代，才有靈乩的產生，靈乩已經可以自己清楚表達神旨，不再需要旁邊有桌頭翻譯，因此很多靈修團體都是依附在此基礎上所誕生的。但這畢竟還只是神明的代言人而已，就靈修者而言，並不完全，對於靈修者而言，最好的方式還是能修到自己就可以處理一些事情，而非每次都是神明降駕下來處理，這也非神明降駕的主要目的，神明當然需要我們自己成長，而非依賴。

冤親債主與卡陰

冤親債主跟卡陰最大的不同在於，冤親債主跟我們是有因果關係，也就是在累世輪迴中，曾經做過對不起人家的事，才會變成是我們的冤親債主，而當中如果有牽扯到「人命」的事，冤親債主是可以去找神佛伸冤，如果是事實又合情合理的話，神佛是會給他們令旗，以證明他們是真的受冤屈，是有資格討債的。而卡陰通常是沒有任何淵源，只是不小心剛好遇上罷了，而我們剛好又有機會讓他們入侵到身體裡面才能稱為卡陰，如果沒機會入侵到身體裡面，而只是單純地跟著我們的話，那是不能稱為卡陰，因為他們是不能沒事跟著我們，所以只要去大廟、或是家裡有家神，或是他們也會自己離開，所以只要沒有入侵到身體，基本上是不用特別處理的，但是已經入侵到身體裡面則去廟宇也沒辦法處理，因為如果神佛出手直接將他從身體中趕出來，是會傷到當事人的身體，而神佛是不會做這種事的。

先來談談卡陰好了，無形界的朋友在陽間其實真的很多，而且不是只有在夜總會、醫院、殯儀館等等而已，路上、住家、有人活動的地方通常就會有，有時候是意外枉死在這裡的，有時候是遊魂剛好流浪到這裡，有時候就是沒有任何原因，他們就是在。但也不是到處都是，所以反正也看不到，因此倒也不用杞人憂天，每天在那裡疑神疑鬼的。而卡陰的必要條件就是，我們的氣場不夠強，簡單說就是身體虛才有可能被入侵，我們身體都有穴道、竅門，而他們必須經由這些穴道、竅門才能入侵到我們身體，當我們氣場很強的時候，自然會保護自己，這也是我們靈修者必須常靜坐練氣的原因。

至於冤親債主是可以入侵到身體裡，但也可以不用入侵到身體的，他們就是可以一直跟著你，不管你去哪裡就跟到哪裡，隨時都在找機會討債，所以當事人就會小意外不斷，或是心神不寧，或是精神不濟等等，運氣不好的人就是一命還一命罷了，而有令旗的冤親債主是可以讓你隨時身體都不舒服。

卡陰的目的只要單純要得到一些能量與功德，只是會讓我們身體產生不舒服，最多就是生點小病，而不太可能會讓我們發生意外，阻礙我們的運勢發展，因為這樣反而是會變成他要欠我們的了，下輩子換我們跟他討債了，這與理不合，除非不是卡陰而是卡魔。而冤親債主不是要能量、功德，他們要的是有冤報冤，有仇報仇，就是要讓你受到報應。

冤親債主跟卡陰有個共通點就是，有些人可能都沒有，有些人可能只有一、二個，有些人可能就有一堆，一個接一個。只要在累世輪迴中把冤親債主還完了，而又沒有再造新惡，自然就不會有冤親債主。可是就是有人可能累世作惡多端，一堆人等著討債，剛好又在這一世找上門了，那真的會處理不完，很多人會有個疑問，會覺得很奇怪，不是剛在哪裡處理完冤親債主，怎麼又來了，一定是神棍又再騙錢了，哪有那麼多冤親債主，我才不相信。事實上，就是有可能，而且每次處理的都不是同一個冤親債主。所以一般靈修者，剛開始靈修前，如果是在共修團體，有靈修者帶領的話，第一件事就是先去天公廟赦因果，請玉皇上帝做主，把累世的因果一併處理掉，然後再去包公廟或是地藏王菩薩那裡，把累世的冤親債主也一次都處理掉，這樣在靈修過程中，才不會受到這些因素的干擾。也有現在剛好找上門的冤親債主，沒找上門之前不知道也就算了，既然現在人家都拿著令旗找上門了，也願意跟我們和解了，這時候人家開出來的條件如果合情合理，最好是照做，畢竟是我們欠人家的，這世不還，下輩子還是要還的。只是化解方式就不一定了，可能是唸經、祭改、法會、紙錢等等，端看冤親債主以及主事的神明怎麼談條件的，而最重要的還是要當事者有懺悔、改過的心，不然不管多大的神明做主都沒用。

而卡陰的原因，有可能就是剛啟靈，剛開始靈修，氣場不夠保護自己，可能又有在修行，所以有能量功德可得。也可能是一般人，平常不只是鐵齒而已，還喜歡到處亂講話，喜歡批評神鬼，那旁邊如果有無形的好兄弟在，那一定修理的，所以很多一般人也不會卡陰，但是就是有很多人就是會，自己招呼來很多來卡陰，處理不完，每次都好幾個，處理完之後，出門又開始到處亂講話，然後又卡了一堆，然後又要來處理，之後可能也沒有靈修者願意幫他處理了，因為真的會處理不完。

卡魔

而卡陰跟卡魔都是需要入侵到體內才算，卡陰就整個情況而言，比較沒那麼嚴重，基本上就算不處理也沒什麼大礙，頂多就是身體不舒服而已，不會影響身體運作，但畢竟陰陽兩隔，在身體內久了，一定會有影響，身體的氣場會被陰界的好兄弟吸走，這是一定的，而一般人要怎麼判別卡陰呢？基本上是沒辦法的，除非是靈異體質者，可以感覺到別人的氣場不好，就連靈修者初期也沒辦法判斷，而一般人如果要能警覺到有卡陰，基本上那已經要卡陰好久了，整個身體已經出現嚴重問題到自己能察覺的地步了，甚至於連旁人都覺得他整個精神不濟，整天懶洋洋的，而且去醫院檢查也找不出原因，這時候就要考慮是不是卡陰了。

而靈修者是怎麼判別的呢？這點倒沒有「絕對」，事實上所有的修行法門都沒有「絕對」，換句話說也就是沒有一定要怎麼做才行，所以每個靈修者對於卡陰怎麼判別以及處理，都不會完全一樣，不過有一個共同點，就是需要靈敏的直覺，而有些靈修者會察言觀色，有些人需要身體的接觸，有些人則神明告訴他的，有些人則會起雞皮疙瘩。而處理的方式也都不太一樣，有些人是請神明引渡的，有些是用拍打的，有些是用咒文、咒語，有些則是他們自己願意離開的。

卡魔就比較麻煩了，神與魔是同等級的，有神就有魔，有仙就有妖，神佛需要信眾，妖魔也需要信徒，所以不是只有神明會找代言人，開宮開壇辦事。連魔也是如此，魔也會找代言人，魔也會假裝成神，一樣開宮開壇，不過不是辦事，而是吸引信徒，傳揚邪法，為害人間正法的傳播。一般宮壇有神佛在的話，整個氣場就會很好，如果裡面的是魔而不是神的話，整個氣場會顯得邪里邪氣的，一般人根本不想進去，而會去的人不是已經卡魔了，就是氣場很虛分辨不出來的人，這些人也難逃魔掌，而卡魔是可能會去控制身體做出不該做的行為。

如果已經嚴重卡魔了，那就是連一般人都很好分別了，眼神渙散，不太想理人，孤僻獨行，說話很簡單，詞不達意。嚴重的話，甚至整個本靈會被魔所取代了，這時候很可能會做出傷天害理的事，而且會覺得做這些事是理所當然，也不會有罪惡感，這類卡魔的人只會越來越多，新聞報導就很常見。

那該怎麼防範卡魔、卡陰呢？就我而言，我會建議修行，只有修行能保護自己，如果每次都需要靈修者幫忙處理，當找不到靈修者的時候又該怎麼辦呢？而且修行本來就是人生的目的，不管有沒有把修行掛在嘴邊都一樣，因為行、住、坐、臥，日常所作所為本來就都是修行，避免卡陰、卡魔就沒那麼簡單了，不只是單純的修行，還要積極的修煉，練氣、練靈，使得身體有氣場保護，本靈也成長到可以保護自己不被外靈侵入，才算是修行。

也可以到附近的公廟去拜拜並且請求平安符保護，只要不是遇到很厲害的魔，平安符大都可以提供一定的保護力，這也是一種保護自己的方法。

心魔

當一個人的負面情緒，如悲傷、憤怒、生氣、哀怨、恐怖等等，因受到極大地刺激而出現波動時，會讓我們的身心靈出現很大的破綻，而導致「心魔」的產生。而這心魔是一種統稱，並不代表就有一個東西，或是一種實際的魔物叫心魔。心魔代表著我們心裡面的負面思想或能量。

當產生心魔之後，心魔會開始運作，首先它矇蔽了我們的理性地思考，使我們陷入無止盡的負面思想中而不可自拔。而旁人任何有助於當事者的建言，也會在心魔的作用下，而失去作用，不是充耳不聞，就是把這些善意的建議，在他的腦海內轉化成惡毒的批評，使當事者更加反感，進而壯大心魔的控制力量，使情況日益惡化。而任何好聽但無效的言語，反而會全部聽進耳並牢記在心。就這樣日積月累下，慢慢地走上無法回頭的路而自我毀滅。而對於當事者而言，如果在事後回想起這些歷程，就像夢中人初醒，而驚訝自己當初怎麼會出現這些不能理解的行為。

這些情況在每個人的成長過程中，自己或多或少都曾經產生過，或是遇到有這種情形的人。心魔的力量有大有小，小的就像是一把無名火，來得快，可能也去得快，但也可能小小的無名火變成烽火燎原，差別在自己的控制上，或者說是「內觀」，這樣可以使心魔的作用減少到最低。而當心魔的力量成長到一定的程度時，可能會開始產生傷害自己會是別人的念頭，有時候，甚至會付諸行動，而做出不可挽回的行為。

那又該如何幫助已經被心魔控制而無法自我解脫的人呢？這時候前人的智慧就很好用了，我們會遇到的情況，前人當然也會遇到，只是解說、敘述的方式不同而已，但是解決的方法都一樣。最好的方法是「一語驚醒夢中人」，但最快的方法則是「一棒打醒夢中人」，心魔的力量有多大，我們就需要用更大的力量來幫助當事者擺脫心魔的控制。而佛家也有「獅子吼」、「當頭棒喝」的法門，這些都是前人的智慧結晶，也是擺脫心魔的利器，應當多加發揚使用才是。

繳旨

靈山法門中有一個重要的任務，那就是領旨令，之後還有繳旨令。各個神祇都有其負責的範圍及業務，所以有時候我們會收到訊息該去某大廟參拜，有時候真的只是去拜拜，但有時候可能要去領旨令。而旨令大概可分成，或是負責協調陰陽的執照，負責靈療，負責解符解咒等等辦事的指令，但是有很多是交代給我們的功課，就像我們在學校一樣，其實旨令也有很多是我們的家庭作業，而這些家庭作業做完之後是需要交回去的，就是我們要談的「繳旨」。

要真正走到這一步，至少靈修已經很穩了才有可能，就像學校不可能出作業給剛出生的小孩子一樣，在剛靈修之初什麼都不知道，還只是在學習階段，是談不上什麼旨令的，更不用說要去領旨令了。當靈修到了可以跟本靈溝通了，或是靈體合一之後，才有可能收到要去領旨令的訊息，在此之前上面如果真的有訊息給我們，是收不到或是不清楚的，所以旨令應該是自己收到的訊息，而不是其他師兄姐告訴我們的，因為如果不是自己得知的，那表示自己還沒有準備好。這也是為什麼很多人跑靈山只是拿香跟拜的原因。

為什麼會說跑靈山要自己有收到訊息之後再去，至少這樣表示自己有能力可以與神明溝通了，雖然不是百分百準確，但至少可以溝通了，這時候才有可能去領旨令。每個人領的旨令不會都一樣，但也不會每個都不同，端看每個人靈修的進度與任務而定，有開宮辦事天命者會領到玉旨或是懿旨以及宮名，有協調陰陽之事者，也會領到該有的旨令，很重要的是，要知道這些旨令是哪間宮廟、哪位神祇給的，這是件重要的事情，當我們遇到沒辦法處理的事情，至少也該知道該去哪裡求救吧。

而除了辦事的執照外，之前有提過還有很多是家庭作業，當我們收到功課，有幾點要問清楚的，要做什麼功課，有沒有時間限制，需不需要回來繳旨，這些一樣是該自己知道的而不是別人告知的，很多靈修者會有個迷思，以為有帶領我們靈修的師兄姐很厲害，一定會知道我們有沒有收到旨令，以及旨令的內容，事實上靈修跟指令一樣，都是屬於自己的事，神祇除非有必要，不然是不會把屬於自己該做的事，告訴別人的，這也是為什麼要自己清楚了才能去跑靈山，不然一般跟團說要去領旨令者，除非剛好也有屬於自己的旨令下來，不然是領不到任何東西的。

那真正的領旨又是什麼呢？我們之前有提過，各大廟宇都有提供靜坐用的坐墊，當參拜完後，可以跪在主神前面稟奏，也可以找個位置坐下來，如果有旨令下來，自然雙手會伸出來接旨，然後手會做收回來的動作，這時候記得要問清楚，這是什麼旨令，要做什麼事，有沒有時間限制，要不要回來繳旨等等。而沒有就真的沒有，不用強求，因為旨令不是自己去求來的。

赦因果

一般因果的作用，蓋略可以分成兩類，第一類就是有在辦事的師兄姐常會遇到的冤親債主，或是「業力現前，不得不報」這一種，這一類型有個特色，就是要等到人家已經上門追討了，也就是說遇到了，業力現前了，才能加以查明、和解、完善的解決。

而在人家還沒找上門之前，基本上是不太可能知道我們有沒有欠人家債，就像常有人會有個疑問，怎麼會是我被冤親債主討債？怎麼會剛好是在這一世被冤親債主討債等等。這些只能說，因為因果業力的條件成熟了，所以不得不報。

另一類型就是靈修者會遇到的，這一類型倒是可以主動處理，一般靈修者就是會常遇到鬼神之事，有些靈修者還需要處理這些事，當我們靈修初期，也就是說被啟靈之後，很多外靈都會主動找上門，其中也會包含很多冤親債主，不管有沒有令旗都一樣，而這一類型雖然不一定會影響日常生活，但一定會影響修行，因為祂們知道我們已經在修行了，也知道我們有能力可以知道祂們的存在了，不能再像以前一樣可以裝傻，所以祂們會隨時圍繞在我們身旁，討點功德也好，而這樣是會影響我們修行的。

這也是一般俗稱的「業障重」，做什麼事情都不順，感覺到冥冥之中有股無形的力量在干擾我們，但又不至於發生什麼意外，也不會有血光之災，甚至於出人命，但就是會感到不順。

當遇到這情形時，靈修者可以做一個動作，就是主動請神明做主，要求祂們幫自己「赦因果」、「赦業障」，先把會影響修行的因果解決掉，使得我們的靈修之路好走。而這也與冤親債主的處理方式不同，畢竟產生冤親債主的主因，需要重大的情節才行，而一般的因果、業障則沒有那麼嚴重，處理起來也不用那麼麻煩。

但是這動作並不能解決第一類型的因果，也就是說，靈修並不代表不會有冤親債主，靈修還是會被討債的，只是要看因果成熟與否，而第一類型還是只能遇到了再處理，並不能主動請神明做主。

迷人修福不修道

六祖壇經

迷人修福不修道，只言修福便是道。

佈施供養福無邊，心中三惡元來造；

擬將修福欲滅罪，後世得福罪還在。

其實很多修行的知見，前人都已經講過了，而且一講再講，換個方式後還是繼續講，只是現代還是有很多人還是不明白。一般人都認為修行就是做好自己的本分，熱心公益幫助世人就是在修，事實上這行為有句俗話可以形容，「這是在做好人好事代表」，這是在修十善業，只能保證有更好的來世可以繼續修行，但這些與解脫生死、離苦得樂無關。除非是想生生世世都投胎為人，不然何不這世就修好呢？

真正的修行首重實證，所有的修行法門跟果位都是可以如實證實的，這點不只是靈修法門，而是任何修行法門都是如此。如果我們修行任何法門，都無法證實這個法門所說的境界，但還是有其他人可以如實證實，那很有可能是我們自己不夠精進，但如果連其他人也沒有辦法如實證實，那就很有可能是這個法門有問題。所以真正的修行首重實證，而不是在於做什麼儀式、唸經、吃素、穿僧服、靜坐等等就叫修行，而行善佈施是修福，修十善業，還不能稱作是在修道。

而為什麼只有最近這幾十年才開始有這靈修法門呢？像是在佛陀時代或是老子的道家都未曾聽過以及傳授。事實上，任何時代的演變也會造成修行的法門跟著改變，就像在佛陀之前不會有所謂的佛法，道家之前不會有道法是一樣。而以後的人當然也不會只有靈修法門呢？一定還是會有更新的法門出現，只是我們剛好出生在這個年代，剛好有機會修行這個法門而已。如果我們當初出生在佛陀時代，也跟佛陀在同一國土，那我們也很可能當時就是跟佛陀在學習佛法一樣。並不代表靈修就優於其他法門，這是對靈修法門該有的認知。

因此現在正是靈修的時代了，不論是在東方還是西方都一樣了解到這一點，所以以後會靈通或是通靈的人只會越來越多不會越來越少，而前幾十年，為什麼會有所謂的靈山法門，這是因為有人可以很清楚的收到訊息，也知道該靈修，該復古收圓，也告訴了其他該靈修的人，應該先去哪間廟宇找某位神祇會靈。而這靈山法門也確實有很多人從這些神祇那裡，很明確的得到他們該得的以及該了解的訊息，而且也有很多靈修者都證實了這一點，漸漸的，一個所謂的靈山法門就此形成了。然而還是有很多人誤以為也可以如法炮製，明明就還沒有啟靈，也沒有感應，但是就是喜歡跟人家跑靈山，跑什麼也不知道，人家說有收到什麼東西，他也跟人家說他也有收到東西了，這也開始產生了靈山法門的亂象。

因為這是個靈修的時代，初期一定會有很多亂象，所以東、西方都有很多這類的書，而且很多都互相矛盾不知所云，但是也表示了靈是可以修的，而靈修也是有其法門與步驟的，那又為什麼會有那麼多亂象呢？因為真正靈修的人是知道要，修靈—從本靈來修，這就是所謂靈性的成長，而不是用修福的方式來修，也不是一般人認為的用色身在修行，認為我們只有身體可以修行，根本不得靈修法門而入。

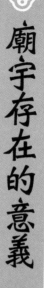

廟宇存在的意義

目前台灣有登記的廟宇大約有1萬4千多座，而為什麼神明需要那麼多廟宇呢？在清朝的「嘉慶會典」規定祀神的五大原則：

一、社稷神祇則以祀

二、崇功報德則以祀

三、護國佑民則以祀

四、忠孝節義則以祀

五、名宦鄉賢則以祀

這是清朝官方的說法，歷代以來就有官祀與民祀的不同，以下跟大家分享幾個真實的案例：

第一、王母娘娘於民國三十八年（己丑）農曆六月十三日降靈於花蓮市吉安鄉，這過程詳細資料網路上都有，後來因為信徒意見分歧，分成王母娘娘的勝安宮以及瑤池金母的慈惠總堂，而全省的慈惠堂大多是出自花蓮的慈惠總堂。

第二、民國五十三年高雄市小港區二苓的某個私人宮壇降下某一名神尊，稱號「法王大天尊」，在世時是孔子的父親，奉旨來此救世渡化前世有緣人，而因為私人宮壇小不能供奉大神，需另籌款建廟以救世化世渡人。這件事是在告訴大家廟的大小不是由信徒決定的，而是由主神的神格以及上面決定的，而神格的大小不是神的稱謂大小，有人會問三太子和齊天大聖不是小說中的人物嗎？事實上對於上面而言，人間對於神明的稱呼是由人間自己決定的，上面自己有一套，而三太子或是齊天大聖還是石頭公以及玉皇上帝，對於上面的意義就好像是董事長總經理課長科員等等，而台積電的執行長就很大，一般三人小公司的執行長就很小，像高雄市玉皇宮的主神就是三太子，而一般私人宮壇的開路元帥也是三太子。

第三、民國96年10月7日自由時報有報導在旗津地區有一座新蓋的媽祖廟「天聖宮」，一切都準備好了只剩下左邊的配祀神還沒決定，而媽祖也都指示說時候還沒到，時間到了就知道了，廟快蓋好的時候，有位鐘永良老師因病去世，媽祖這時候突然也指示說配祀神就是他「鐘府元帥」，這是全台第一位鐘府元帥，有興趣的人也可以親自去旗津天聖宮證實，當事人家屬都還在，所以俗話說人做得好死後就做神，這就是實例。為什麼廟裡的神明需要做好事及善事，祂們的工作本來就是渡化世人，當祂們累積一定的香火跟功德就會升級，目前的鐘府元帥說不定下次都升級當媽祖了，而不是永遠都在那裡當鐘府元帥，而且不管下一任的接任者是誰，還是只能叫鐘府元帥，因為廟裡的神明是有任期的也常常在輪調。

第四、亞洲鐵人楊傳廣於民國65年受金母娘娘感召成為通靈者，隔年也建廟奉祀今名「玉璽宮」，時報週刊曾訪問他說，一個知名人物高知識份子又是留學海外，怎麼會如此迷信當起乩童呢？他說我就是有感應，而且我知道我在做什麼，所以也不用跟大家多加解釋些什麼。

第五、宏碁集團施振榮的母親，是埔里地母廟的虔誠信徒，施振榮事業草創期，遺失一批價值4千萬的積體電路，據說是地母娘娘幫忙找回來，而集團的信仰也因此更加虔誠，施振榮在他的傳記也不諱言有這件事。

說了這麼多案例主要是要向大家報告，佛家說色身難得所以要趕快修行，在這人世間是最好修的，事實上這個人間也是神明的試煉場，只會有越來越多的神明降靈，而且廟宇只會越蓋越多，這是上面的意思，通常公廟或是大廟門口一定會有玉旨或是懿旨，而私人的宮壇有接到開宮廟的天命也都會有旨令。

然而神明需要廟宇有什麼作用呢？通常廟裡大都有兩樣東西「擲杯」跟「籤詩」，這是一般人跟神明溝通的工具，當然如果你有能力直接跟神明對話，那也就不用這兩樣工具。神明通常都很忙的，而且也不是被關在神尊裡，金身哪裡都不能去，神明需要去看看信徒的請求能不能幫忙，偶而還要回天上找老友泡茶，所以不在廟裡的時間佔大多數，所以有事要請示神明一定先要在外面的天公爐，恭請神明回宮，弟子有事要請示，然後在裡面主爐前再說一次，等到香燒過一半後，就可以開始請示神明，而且一定要說「自己的姓名、住址以及有什麼事情要請示，如果主神回來有在現場請賜聖杯一杯」，如果有聖杯就可以開始請示事情，如果沒有就等一會再問，因為神明還在外面忙還沒回來。

那又為什麼有人感到神恩浩蕩說某廟的神明真靈，有些人一樣在拜卻感受不到神恩呢？一方面可能因為你沒有照步驟來，或是誠心不足或是神明根本不在、請示的事情說得不清不楚、所要求的不合情理、個人的福報不夠等等種種因素。

之前說過神明需要廟來渡化幫助世人，怎麼會有求不應呢？就像你要去總統府陳情，看到總統府大門就把陳情書放著，你以為總統會自己出來撿回去看嗎？或者要求不讀書要求說考上台大那可能嗎？前世不做財佈施卻來要求財富可能嗎？合情合理合法的要求，不牽涉到個人因果的事（神明更加不能干涉因果），有用正確方式的傳達給神明，個人的因緣福報夠，通常神明一定幫忙，也就常常可以感受到神蹟，這才是為什麼有些廟的香火特別鼎盛的原因，下次去廟裡的時候，大家也可以請神明幫忙看看，看看能不能感受到神蹟。

之前曾提過這是個靈修的時代，在台灣靈修這名詞的開始不會早於民國38年王母娘娘降靈於花蓮，也可以說靈修是從那時候才開始的信徒，而一樣都是神明降靈建廟，那為什麼母娘系統的發展特別迅速，因為有鑑於過去廟裡的做法，已不符合時代的需求，而且弊端很多，無法達到教化人心的目的。

所以王母娘娘親自下凡來指導以靈修為主要的修行方式，可以直接感應、感受、看到神佛的存在及威力，有些人起步走得快又穩，可以直接開宮辦事宣揚神恩，但是也有人修了很久還停留在原地，還是每次一到母娘廟就哭，講一些別人聽不懂的天語，跳一些莫名其妙的舞就像自發功一樣，外行人喜歡看熱鬧，喜歡看人家在廟外表演，所以就有很多靈修的人一直停留在初步階段，也喜歡在廟外跳舞唱歌給大家看。

事實上，當高階靈修的人越來越多的時候，整個廟宇的形態會從現在單純的有求必應，進化到人神可以直接對話、進修的場所，而當人們可以與神明直接對話時，自然會對於宇宙生命真正的實相，才有真正的了解與認識，才能真正了解所謂人存在的意義為何？這才是真正的靈修時代，每個人都該修，每個人都可以跟神明直接對話，每個人可以當神明，神佛只是生命實相裡存在的一部分，而不是單純的謠言、傳說或是想像，當然有能力的人自然能看到也能證實，而其他要當作故事看看也沒關係，要記住「舉頭三尺有神明」。

明心

靈修說「本靈」，禪宗說「心」，佛陀說「真如、第八識」，道家說「元神」，講的都是同一個東西的不同名詞而已。而各家對於這東西的說法大同小異，這就像是大家如果看過「下雪」，就知道「下雪」是什麼情況，但每個人所形容的「下雪」都不會完全一樣，但講的都是相同的東西，可是如果一個沒見過「下雪」的人，光是聽別人怎麼形容「下雪」，還是不如自己親眼看到「下雪」來的深刻，如果只是聽說，就像是霧裡看花一樣。

禪宗的「明心、見性」也是大家耳熟能詳的名詞，其實這就是啟靈的功能之一，「明心」就是明白真我，明白真心，明白自己的本靈，認識到真正自我本靈的本質、本性。「見性」就是清楚的體驗到本靈的功能，以及如何運作等等。累世輪迴的是祂，隨業受報的也是祂，所以唐三藏法師玄奘所造的「八識規矩頌」中的第八識規矩頌

「性唯無覆五遍行，界地隨他業力生，二乘不了因迷執，由此能興論主爭。浩浩三藏不可窮，淵深七浪境為風，受薰持種根身器，去後來先作主公。不動地前才舍藏，金剛道後異熟空，大圓無垢同時發，普照十方塵刹中」

因為二乘種性的修行者，因為迷執故，而不能了解第八識的存在與功能，所以才會發生與大乘種性的修行者產生糾紛，本來佛法是不分大小乘的，因為有些修行者不能理解第八識的存在，只認為有個「我」，而因修行照見五蘊皆空，是故空中無色，無受想行識。無眼耳鼻舌身意；無色聲香味觸法。無眼界，乃至無意識界。無無明，亦無無明盡；乃至無老死，亦無老死盡。無苦集滅道。無智，亦無得。最後就是空，什麼都沒有了。因為他們執著在這個「空」相，根本不能理解什麼才是真正的主公，本靈「去後來先作主公」，一直都是祂在作主，本靈才是我們真正的主人，才是真正的自我。「二乘不了因迷執」所以才會「由此能興論主爭」，這些在玄奘大師所寫的「大唐西域記」中記載很多，有興趣的師兄姐，請自行參閱。

一般禪宗沒有參學幾十年是不可能明心、見性的，不少名師一輩子也沒明心、見性過，一輩子都在追尋什麼才是明心、見性。就像當初二祖慧可問達摩祖師

師曰：「諸佛法印，可得聞乎？」

祖曰：「諸佛法印，匪從人得。」

師曰：「我心未寧，乞師與安。」

祖曰：「將心來，與汝安。」

師良久曰：「覓心了不可得。」

祖曰：「我與汝安心竟。」

而神秀一輩子都在找「心」，慧能一下子就找到了，神秀認為修行要慢慢地有次地的修，也就是「漸悟」，而慧能就是「頓悟」。不用參學幾十年的工夫，當下認識到本靈而開悟了，這就是「啟靈」。

最後再整理一下，啟靈就是明心，就是開悟，這大家不用懷疑，好像禪宗一

輩子都在找「心」，怎麼這麼簡單就讓我得到了呢？因為我們累世早就已經修過了，累世中早已明心了，只是因為隔陰之迷忘記了，啟靈只是幫助我們開始回憶起而已，所以真的就是那麼簡單，而簡單的原因是因為我們真的早就修過了，而有太多靈修者根本就不了解這一點，也不願相信除了色身之外還有一個真正的我、真正的本靈。

那是不是啟靈之後，就一切順利了呢？那又為什麼那麼多人靈修出現問題呢？很多修行者都以為明心、見性是終點，而事實上，啟靈只是起點而已。就像明心、見性一樣，是修行的起點不是終點。

很多人會說禪宗不是「不立文字」嗎？市面上怎麼那麼多討論禪宗的書呢？而禪宗不是說明心見性、當下成佛嗎？為什麼明心見性是起點不是終點呢？事實上，禪宗祖師所留下的著作，以及流傳後世的公案等都是悟後起修的過程，裡面提到都是本我、真如的性質、功能等等，未開悟者，每個字都看的很清楚，但是真正的祕意卻不是他們所能想像的，所以市面上解釋公案的書籍很多，真正看得清楚的也有，但是少之又少。

這也是為什麼明心見性後，才是修行的開始，因為之後才是修行真如的開始，才是開始參訪善知識的時候，這時候看所有禪宗祖師的著作才會覺得很親切，也才能真正的看得懂，真正了解其中的祕意。而啟靈也是，啟靈才是修行的開始，才是開始真正去認識本靈的本質、功能等等，這部分也不是靠自己想像，也是需要多方去參訪善知識，才能有所成長，也才能在靈修法門中走的很順遂。

陰陽眼

俗稱的「陰陽眼」，也就是可以用眼睛看到無形界的朋友，更精準的說只能看到阿飄，也就是陰界的朋友，因為靈界的神佛大都有能力不讓凡人看到，即使是靈修者也是一樣，在還沒有一定的境界之前，除非是靈界的神佛願意讓你看到，不然所看到的大都有問題，更不可能去任何廟宇，就可以看到主神坐在那邊，還跟你泡茶、聊天。

靈界跟陰界都一樣屬無形界，也就是沒有形體及色身了，靈界的朋友都是光子，也就是光點等等，而陰界的朋友大都是黑影，這才是祂們真正的形態，一般陰陽眼看到的形象，大多是看到者本身的意識所形成的，他們也不是什麼都沒看到自己亂說，事實上，他們真的有看到，但是經過大腦意識轉成形象產生在腦海裡，就變成他們眼睛所看到的樣子，譬如說長髮披肩、青面獠牙、面無血色，或是滿臉鮮血等等，這些都是長久以來存在自己腦海裡，對於陰界朋友的印象，也就是識神在作用的結果。

而靈界的神佛呢？事實上以陰陽眼是看不見的，見非所視，聽非從耳，神佛的法身非以肉眼能見，但當神佛願意讓我們見到祂的法身時，祂們會直接投射在我們的靈視上，讓我們的大腦直接產上反應，而非經由肉眼、視神經、大腦起反應才能見到，這就是見非所視。

前世今生

除非是初次投胎轉世出生在這地球上，不然每個人應該都已經生死輪迴過無數世了，當然也有在這期間，犯下五重罪而下無間地獄者，也有曾是積善人家而轉升天界，享受天人福報，福盡再投胎為人者，當然也可能曾經修行得道，羽化成仙，不用再生死輪迴，而能自由自在的遨遊四海，就像呂仙祖一樣。

既然每個人都有無數個前世，那累世以來，是不是只有做好人，還是只做壞人，那麼單純的事呢？當然不可能，我們做任何事，不是偏善就是偏惡，隨時都在積德，也隨時都在造業，惡也不是完全的惡，如殺一人可以救萬人，殺不殺呢？如救一人但需死幾萬人，救不救呢？

所以我們累世投胎轉世以來，就這一世而言好了，我們隨時都在享用之前累世的福報，也隨時都在承擔累世所造的業，累世的人生中，很少有一直都是順境，也很少每世都是逆境的，所以基本上前世發生任何事都已經不關我們的事了，也改變不了，所以知道前世又能怎樣呢？也改變不了我們這世出生時的身分了，所以基本上，是不太需要跟別人說他們的前世因果，除非對他們當下的問題能有所幫助，不然也因為沒辦法求證，而淪為空談。並且他們知道前世了，又能改變什麼呢。

真正需要看前世的事，只有犯下殺人、害人、誣告致死等等，而且對方已經拿著令旗來討債了，這時候才是真正需要看看到底前世是發生什麼事，要怎麼和解等等。其他的小事情，根本就不需要看，因為之前有講過，我們隨時在享福報，也隨時在償業報。那是不是日常生活什麼事都不用做了呢，每天去探討我這福報是怎麼來的，或是每天抱怨，我上輩子是造什麼孽，怎麼這輩子那麼苦啊。何必呢，還不如每天照「了凡四訓」好好過日子，保證不管是這輩子還是下輩子，日子都會很好過，當然最後還是要提一下，這些都是世間智而已，最後還是要走上修行的路，不用再生死輪迴為要。

在六祖壇經裡有記載：

師於大極元年壬子延和七月命門人往新州國恩寺建塔，仍令促工。次年夏末落成。七月一日，集徒眾曰：『吾至八月，欲離世間，汝等有疑，早須相問，為汝破疑，令汝迷盡。吾若去後，無人教汝。』

法海等聞，悉皆涕泣，惟有神會，神情不動，亦無涕泣。師云：『神會小師，卻得善不善等，毀譽不動，哀樂不生，餘者不得。數年山中，竟脩何道？汝今悲泣，為憂阿誰？若憂吾不知去處，吾自知去及；吾若不知去處，終不預報於汝。汝等悲泣，蓋為不知吾去處；若知吾去處，即不合悲泣。法性本無生滅去來。

這段經文的白話解釋，網路上都有，這裡不再贅述，僅探討這段經文的重點。

一、六祖慧能早已悟道，早已神通俱足，在六祖壇經裡也有記載「乃囑行昌來刺師。師心通，預知其事，即置金十兩於座間」，這說明了當時六祖慧能已有

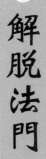

他心通，只是「神通度俗人，智慧度學人」，跟不會神通沒有悟道，而教人家不要追求神通是不一樣的。而得道高僧可以預知圓寂日期，甚至於可以決定自己的圓寂日，而六祖慧能也自己說了「欲離世間」，也就是說六祖慧能是自己決定要圓寂的。

二、六祖慧能不只可以預告自己圓寂，也知道圓寂後要去哪裡，本來就不生不滅，何來生死，既無來，何所去。但最後還是把金身留下來讓後人瞻仰，而六祖慧能去哪裡了呢？

三、而什麼是解脫法門呢？就修行者而言，修行到十二因緣盡，照見五蘊皆空時，是可以不用在三道輪迴了，只是還是要到天界去繼續修行，這就是二乘或是說原始佛教的修法，也就是聲聞、緣覺的境界，解脫法門只是可以不用三道輪迴，但是還沒有究竟成佛。

四、是不是修到天界就真的不用輪迴了嗎？佛陀所說的都沒錯，是可以不用三道輪迴，但是還是會有很多人會了種種目的，願意繼續轉世投胎，所以解脫之後是可以不用再投胎轉世了，但是佛陀沒有說不可以自己要投胎轉世。

理事圓融

一般學佛多年的人都應該知道什麼是理事圓融，事實上這四個字也是大部分修行的基礎所在，而所謂「理」也可以說是真理或是法、道等等的名相，簡單的說就是所有法界的實相。

而「事」就是所謂十萬八千法門，也就是說可以印證理的方法就叫作事，譬如說念佛、誦經、打坐、吃素、閉關、托缽、跑靈山等等方法都算是事的範疇，一般修行者常常弄錯這一點，把事當成理在修，一直以為念佛就是修行，唸經吃素打坐就是修行，那真是倒果為因。

六祖開示曰：「惠能無伎倆，不斷百思想」，思什麼想什麼呢？為什麼需要理事圓融呢，因為一般人大眾對理沒有正確的知見，往往不知道又該怎麼修，從哪裡著手去修呢？關於這點，觀世音菩薩有教大家要怎麼修，「從聞思修」。從見聞、聽聞、傳聞所得到的知識，經由自己一番探究思索後，如果確定無誤，那就信受奉行吧。

而什麼是「理」呢？佛陀把智慧分成二種，「世間智」與「出世間智」，什麼是世間智呢？簡單說就是只存在於色身以及色身生活環境的相關知識，換句話說就是只適用於地球上，不適用在其他色界及無色界的知識，譬如說如醫學地理人文連量子力學也是世間智，風水命理陽宅等等也算世間智，這一點也是判別一位真正的大師有沒有得道的標準，把大師的著作拿來判別一下，認真的去分析，大師說的法門當色身不存在的時候，是不是還適用呢？如果大師所說的法門只存在於色身，也就是說要依附著色身才能修，他說的法也只存在於人世間而已，那就是世間智，這只是基本阿羅漢的修法，真的修到一念無明、觀身是空，可以「坐脫立亡」了，這還只是解脫道而已，是可以不用三界輪迴了，可是到了天界還是要修，連成佛之路都還摸不著邊。

如果佛陀只會世間智，也只會教導傳授世間智，那就不叫佛陀了，只能成為人生導師，而非天人師。世界上有太多人講人生的大道理，說的比佛陀還棒，每個都著作等身，每本書一上市就上排行榜，那這些人應該都修得很好了喔，也應該都比佛陀厲害喔。佛陀有個稱號是「天人師」，佛陀不只是人間的導師，也是這個佛土世界，所有天人的導師，如果佛陀不具備出世間智，也只能教導大家解脫道到天人界去而已的話，那佛陀就不叫佛陀了，也不能成為「天人師」。

而真正具有出世間智的大修行者，不僅知道慾界所有的實相，也知道其他靈界與陰界的真相，當然也是六神通俱足，漏盡通當然也是，而所謂的前世因果一目了然，這就是「理」的範疇，修行應該要先有正確的知見，先從大修行者也就是所謂的善知識聽聞正確的知見，然後自己思索探究，這位善知識說的正不正確可不可信，對於所有說法都要先存疑，然後再去印證實行，之後才是修行的法門，等有正確的知見後，在打坐的時候不斷的思想，就像六祖慧能說過，「善知識！迷人口說，智者心行。又有迷人，空心靜坐，百無所思，自稱為大；此一輩人，不可與語，為邪見故」，這才是修行，而不是常見的空坐坐空什麼都沒有，只是在那邊打坐，坐什麼都不知道。

所以修行應當先有理的知見，才會有事的法門，到最後才是「理事圓融」，而走向成佛之路，這才是佛陀真正的教義，這才是真正的修行，大家本性都是佛，只是大家都沉淪在生死輪迴中忘記了，修行是要找到我們本來的面目。

本靈的來源與數量

《華嚴經》云：「一切眾生皆有如來智慧德相，但以妄想、執著而不能證得」。

《圓覺經》說：「一切眾生本來成佛」，「一切眾生本來是佛」。

佛陀教導我們，每個人都有佛性，每個人都可以成佛，每個人的佛性都跟佛陀一樣，只是被妄想、執著綁住了。這段話翻成靈修的話會變成，每個人都有本靈，每個人的本靈都跟佛陀一樣，每個人的本靈早就神通俱足了，只是被妄想、執著綁住了，而且每次的隔陰之迷，會使人一直生死輪迴，而忘記自己本來的面目，事實上，每個人的本靈都是不生不滅的，所以既無生亦無死，所以每個人的本靈都是與天地同壽，天地存在時候，我們每個人的本靈也早已存在，要這樣解釋才能交代《心經》裡講的：「不生不滅」。

這套說法在明朝時受到很大的挑戰，「羅蔚群」創立了「無生老母」的信仰，他們認為本靈是不滅的，但是所有的本靈都是由一個至高無上的神祇「無生老母」所化，這套理論從「無生老母」到白蓮教、一貫道、靈山派、復古收圓、靈修法門，大概都是這樣一路下來的。

這也是靈修法門跟佛教互相牴觸的地方，一個認為不生不滅，一個認為有生不滅，而佛教被認為正道，其他的教派在歷史上的發展都是很坎坷的，尤其在清朝更是傷害更大。以前我們也是認為他們都是邪魔外道，但是當開始靈修之後，看法卻完全改觀了，歷史上絕對有比我們厲害，神通俱足之人，那些有能力影響他人，進而能成立一個派門者，大多是能力超凡者，只是後進者不知道有沒有這功力跟操守，個人覺得絕對都是人的因素，導致後來被歷史認定都是邪教。

所以關於本靈的來歷，千萬不要認為整個法界只有地球、銀河、宇宙等三次元而已，事實上每個人的本靈都來自於各不同更高次元的地方，也不要認為更高次元只有一個地方，每個人都有自己的父母，每個出生的地方，而本靈也是，都有他們自己誕生的地方，也有他們的故鄉，這就是靈修者的目的，回去本靈的故鄉，而不要還在這地球上受苦。

是不是每個本靈一誕生就很厲害，什麼都會，這完全不可能，就像人一樣，要從胎兒、嬰兒、小孩、成人一路走來，本靈也是，要到各地去受教育，接受考驗，進行磨練，做不好的就受處罰，學習很好的就繼續成長，而這地方絕對不是只有地球而已，在天界還是要繼續學習成長，做不好一樣受處罰。

那是不是都只有一個本靈呢？佛陀告訴我們，他在十方佛土渡化眾生，所有的菩薩也都是一樣，所以當修行到很高的境界時，本靈是可以化成無數個分靈，隨緣渡眾，所以每間廟宇的觀世音菩薩可以說都不一樣，也可以說都一樣，因為都是觀世音菩薩所化。而在世間的人呢？境界好的人也許會有三、五個分靈，但是這些人只佔少部分，而這些人以為已成為一派的大宗師了，因為要有分靈表示他的修為已到仙界了，才有可能，所以這些不能稱為人了，已經可以稱呼他們為半仙了，可是有分靈不代表品德、操守也是一樣好，而且其他人要知道別人有幾條靈，唯有自己也修到很相近的境界才能得知，修行很高的人是不會隨便跟別人說他自己的境界，所以當有機會聽到別人說他自己有幾條靈的時候，聽聽就好，這對我們不代表任何意義。

靈通、通靈與自性靈

在靈修過程中與其他神祇、外靈接觸上，大概可分成三個階段，靈通、通靈與自性靈。而靈通與通靈二者看起來好像一樣，但實際上卻有天壤之別，而靈通簡單的說，就是可以讓其他神祇、外靈暫時使用自己的身體，也就是俗稱的「靈乩」。而通靈呢？就是自己可以接收其他神祇、外靈的訊息，或是直接與其他神祇、外靈溝通，但是身體不一定需要借給任何神祇、外靈使用，這是二者最基本的差別，也就是說，通靈的等級會比靈通高很多，因為「靈通」只是基本的降駕的功能而已。

啟靈之後，一般很快就會有「靈通」的本領了，但這時候該小心的是，要來降駕上身的到底是神？魔？其他外靈等等，一開始還沒辦法分別，而旁邊又沒有其他人可以指導時，最好不要，能拒絕就盡量拒絕，不然可能會引來其他不必要的麻煩。

那什麼又是通靈呢？通靈就是本靈已經可以接收訊息了，當有其他神祇來時，並不需要降駕上身，可以直接接受訊息然後轉達給其他人，但是訊息的精準度，以及通靈者轉換後表達出來的意思，都必需要靠通靈者本身的修為與經驗的累積，不能是把接收到的訊息，與所表達出來的意思南轅北轍，那問題就大了。

所以「靈通」跟「通靈」的相同處在於，都與其他神祇、外靈有關，而其中與我們本靈的修持關係上，也有，但這關係還沒有後面的自性靈那麼大，因為「靈通」只要降駕即可，而「通靈」只要能收到訊息即可。

但是自性靈則是紮紮實實的非得靠自己修鍊不可，因為自性靈就已經沒有其他神祇、外靈的幫忙了，一切只能靠本靈的修為，事實上，佛陀說的「眾生佛性俱足」，換成另一個意思，眾生神通俱足，其他神祇、外靈的能力，都可以經由本靈的修鍊而達到一樣的效果，這也是靈修很重要的一個過程，而這過程絕對不是在於所謂的追求神通，神通只是在這修行過程的副產品而已，簡單來說，就是本靈的功能開發到一個程度後，就不需要其他神祇的協助了，之後的路，應該有能力可以自己走下去了，就這是自性靈。

知識、常識與修行

修行功果與知識無關、與常識無關、與哲學無關、與文字無關、與經典無關、與法門無關，只跟自己的本靈、真如、如來藏、阿賴耶識有關，千萬不要把修行當作學問，千萬不要認為把所有經典讀的滾瓜爛熟就是修行，不要認為出家就是修行，不要認為每天做早、晚課就是修行，不要認為誦經、持咒就是修行，不要認為吃素就是修行，不要認為打坐就是修行，不要認為靈通就是修行，不要認為通靈就是修行，不要認為跑靈山就是修行，這些都與修行無關。

舉二個有名的歷史人士說明好了，六祖慧能與廣欽老和尚都是文盲，大家會用電腦，會讀書都比他們厲害多了，論知識、論常識，他們二位絕對比不上大家，可是為什麼歷史對他們評價卻是修行有成的得道高僧，反而歷史上說的一口好經的法師們，都沉淪在歷史的洪流而不知所終了，六祖慧能已經明白告訴我們，「下下人有上上智，上上人有沒意智」，而近代的廣欽老和尚，也明白的告

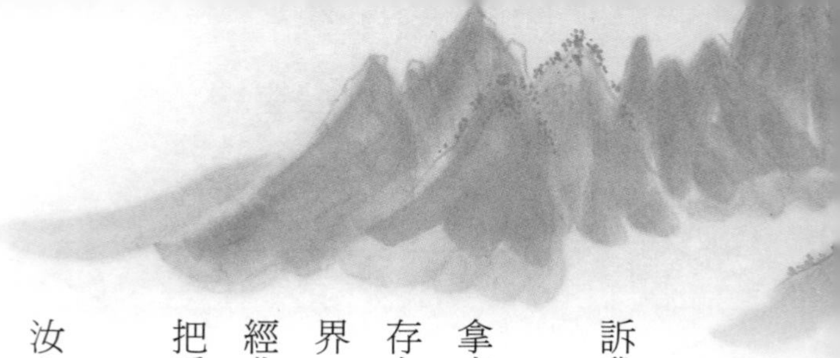

訴我們，老實念佛也能得道，這點有興趣者可以看看廣欽老和尚開示錄。

所以對於有心於修行者應該有個基本的認知，千萬不要只會死讀書，經典是拿來印證的，而不是拿來讀、拿來背的，文字的存在是因為有人的存在，經典的存在也是因為有人的存在，真正的法不在於文字與經典，大家想想，如果在無色界，或是道家的太極、無極天上，根本只剩下精神狀態的存在，那哪來的文字、經典，那在無色界的仙佛，他們都成佛得道了嗎？他們都不用修行了嗎？他們會把看書當成修行嗎？

修行的重點在於本心的自我認識，自我修為，「佛在靈山莫遠求。靈山只在汝心頭。人人有個靈山塔。好向靈山塔下修」，有空讀經典，不如拿來思索人生、宇宙法界整個實相，還比較實際。

靈魂的重量

靈魂，很常見的名詞，也是西方宗教的主軸，他們追求的是身、心、靈，靈魂是整個身心的主宰，這部分大家都很容易接受，而科學家也一直在找尋靈魂存在於身體的哪個部分，而事實上這部分註定是徒勞無功的，因為靈魂無色無相，又何來的重量呢？但也不是都沒有進展，至少有科學實驗說人的靈魂重量約21公克，但個人持保留態度，因為那是百年前認為很精準的實驗，但今日來看那些實驗，漏洞百出。

佛陀教導我們說，我們的本性真如不生不滅、無形無色、遍體存在，說他不存在，可是偏偏又有，說他有，可是又找不到確切的位置，因為人的大腦還沒有完全研究分析完成，所以很多人都認為靈魂一定是存在於大腦，所以他們一直在朝大腦的方向去尋找。這篇文章不是要來探討靈魂的存在與否與存在的位置，而是來談談科學家所沒辦法想像分析研究的部分，也就是玄學方面的看法。

但是會看到這篇文章的人，通常都是對靈修感興趣者，不然絕對會對這類型的文章嗤之以鼻、不屑一顧。可是就靈修者自身的體驗，以及先進大德們的經驗，真實的情況都不是這樣，靈修法門這幾十年下來，大概已經有一些共識了，這部分是爭議性最少的，也就是每個人都有自己的本靈，也只有唯一一個本靈，不會有多於一個本靈存在，如果有的話，一定是其他外靈。因為如果同時空條件下，存在有二個相同靈魂的不同個體，那誰才是真正的本靈呢？而之後的發展，是不是每個靈魂都可以分成好幾個本靈呢？

歐美國家長久受宗教的影響下，很多科學研究早就被宗教家限制死了，所以天主教說人死後可以上天堂，可是沒有交代人生前從哪裡來，所以他們認為人的靈魂是在於精子與卵子結合自然產生的，所以他們不相信我們是有個真正的主宰—本靈的存在，加上科學家又找不到他的存在，所以天主教徒反而很好修行，只要相信天主，把身心準備好就可以上天堂了，所以不用真正去尋找修行我們的本靈，他們認為我們都有靈魂，可是靈魂是可以受身心控制的，所以只要禱告、上教堂、唱聖歌，死後靈魂自然上天堂去報到了，但是這就是西方宗教真實的情況，這些沒有優劣之分，這也算是他們自己靈界所傳給他們人間的法門，適合他們不一定適合我們。

所以靈修者都有自己的來源，也就是靈脈，而不管哪一天都是滿天神佛，數量也是不可數，每一層天都有人投胎轉世，也都有神佛降靈處事，因為都是來自同一層天，所以會特別有緣分，去到這些廟宇會特別有感應，特別想哭等等，而同一層天的神明通常也就是訓練我們的指導靈，所以我們的指導靈不會只有一個，但是一定會有一個專門指導我們的指導靈，其他神明會從旁輔助，每個神明都會有些特別的能力，這也是我們需要那麼多指導靈的原因，就像月下老人是姻緣，註生娘娘是求子，當然送子觀音也是，土地公有管財，而財神爺也是，所以端看我們靈修者需要什麼能力，就由哪位神明指導，所以每個靈修者的路都不一樣，所接觸的神明也會大不相同。

每個人的真如、本靈，都是唯一的，要修行的也是他，生死輪迴的也是他，隨業受報的也是他，他是唯一，也是「上天下地、唯我獨尊」中的我，這個我就是第八識、真如、本靈，所以色身裡面不會存在著其他的我，如果有其他三、五個本靈存在，那佛陀所說皆是虛妄，所以其他所謂的本靈，有的只是卡陰、卡魔而已，因為真正的指導靈，除非有必要，不然是不會長時間降駕在色身裡的。

滿天神佛

之前在「本靈與指導靈」中有提到，在靈修的階段會有其靈主與其他指導靈來教導我們所需要的法門，這些指導靈大都是知名的神佛，靈修者常遇到的有三太子、濟公活佛、王母娘娘、瑤池金母、九天玄女、玄天大帝、關聖帝君、觀世音菩薩、三清道祖等等，但也有很多是不知名的神佛。每位神尊的能力都大不相同，簡單來說學得越多責任越重，會的越多將來需要辦事的項目也會越繁雜。

因此在靈修一段時間後，會有一段時間常常有不同的神尊來教導我們，而且是很頻繁的來訪，這時候如果靈修者本身是好大喜功，喜歡自我膨脹者，會不知不覺的尾巴就翹起來了，會自己認為自己怎麼這麼厲害，滿天神佛都來找我耶，有更誇張的就是會認為自己就是某某神明的本尊，而且是很高神祇的本尊，所以才會有那麼多神明來這裡祝賀，之前曾經提過，知名的神尊都不會再一次投胎轉世了，只會用降駕的方式會是在廟宇享用萬年香火，這點所有靈修者需要謹記在心，千萬不要一開始就自我膨脹到走火入魔的路上去了。

坊間常見的還有俗稱的九龍九鳳，事實上也真的很多靈修者都是所謂龍族下來投胎的。而所謂的指導又是怎麼一回事呢？千萬也不要自己想像應該跟我們在學校上課一樣，還要有講臺、教室、課本等等，都已經在靈修了，怎麼可能還是用這種方式在學習呢？事實上所謂的指導都是一瞬間而已，常常就是在靜坐的時候，會通知說現在是哪一位神尊來了，來的目的是什麼？要教什麼功課，都是一瞬間的事，絕不會說現在要教什麼功課，需要靜坐半小時之類的話，因為本靈的學習是很快的，只要竅門打開之後就很快了。而這些法門色身真的不需要知道，需要使用到的時候，本靈自然會使用即可，這也是靈修者常抱怨的，常聽到說我什麼都不知道，什麼都不會，要怎麼做也不知道，也常聽到別人跟他們講說其實你早就知道了，事實上，這時候只要大膽又信心的去做，絕對都可以做得很好的。

心無罣礙

心經：「菩提薩埵，依般若波羅蜜多故，心無罣礙」

「心無罣礙」是修行中很重要的法門，但是也是常常被世俗誤解的法門之一，好像修行一定要六根清淨，拋家棄子，看破紅塵，最好是六親不認，好惡不留於心，有也好，沒有也好，什麼都可以，什麼都沒關係，因為要心無罣礙故，所以對於任何際遇、境界都不要起任何反應，最好是心如槁木死灰一樣，而民間故事中杜子春也是有相關聯的故事，必須眼睜睜地看著親生兒子被摔死也不能出聲才能成仙，美其名是世事如夢如幻，不能執著於世俗事上，要如如不動地修行才能成仙成佛，這是一般世俗人對「心無罣礙」的誤解。

如果不認識到真正的自我，沒有體會到真如不垢不淨，本來清淨何來污染。我們的本靈、我們的真如本來就是清淨無染，只是被七情六慾所包覆住，而導致累世生死輪迴。如果沒認識到這一點，只是從表象去看「心無罣礙」這一句話，絕對當場死在句下，每個修行者都要「心無罣礙」，那大慈大悲救苦救難觀世音菩薩就不存在了，因為要心無罣礙，所以看到人家受苦受難也不能起心動念，也不能有所罣礙，更不能出手相助了，那諸佛菩薩也都需要駐世渡人了，那早知道當初佛陀也不用說那麼多法，使得後人學佛學得滿頭包，只留下一句「心無罣礙」不就好了嗎。

所以真正的「心無罣礙」是要看前一句，「依般若波羅蜜多故」，因為菩薩已經證得智慧、般若故，已經到達解脫、證悟的對岸去了，早已不用三界輪迴了，對於法界實相更是了然於心，更不用說對生命空相的透徹了解，雖然祂們早就知道相對於我們的本性、本靈、真如而言，人世間都是虛幻的，根本沒有苦集滅道，根本沒有喜怒哀樂，所有一切都是「空」，但是百年一瞬，人生旅程中本來就多波折，而這些人生表象的事情卻都是真實存在的，所以只要今世出生為人，就一定有喜怒哀樂，一定有苦集滅道，這些都是不能避免的情緒，而真正的「心無罣礙」是指真如本來就沒有罣礙，而不是指我們強迫自己對於任何事物都沒有罣礙，二者從根本上是很大的不同。

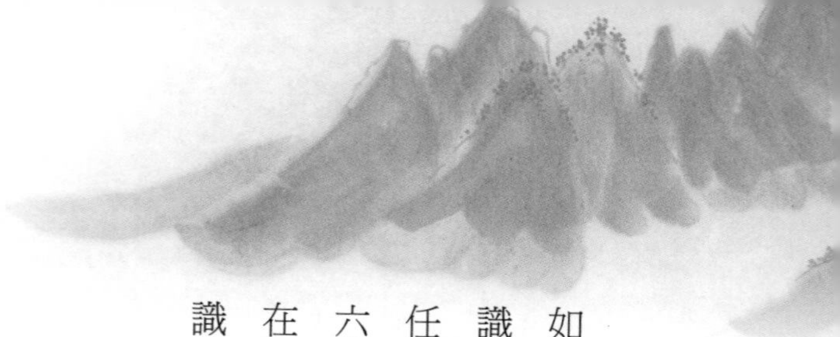

那真正的「心無罣礙」是該怎樣達成呢？首先要先認識到真正的自我、真如，祂才是真正、自然、無做作的「心無罣礙」，而我們的情緒反應都是由第七識末那識所起的，而第七識只有在色身上有存在，因為第八識不會隨個人意根做任何反應，而意根只做反應又不能分析，所以色身需要一個第七識，去掌控其他六識做分別、分析、反應，而一般從世俗事上教導我們要「心無罣礙」的都只是在第六、七識上做文章罷了，並沒有習得真正該認識的第八識，也就是所謂「不識本心，學法無益」，這才是真正心無罣礙的意義。

假設有一隻二次元的生物，就像是蚯蚓好了，當有一個三次元的生物準備從牠的上面抓牠時，那蚯蚓是完全沒有機會察覺到有人要抓牠了，而這時候，旁邊剛好有一個三次元生物看到了，趕快好心提醒蚯蚓說小心有生物要抓你了，那蚯蚓急忙地左顧右盼但又看不到什麼，那是因為二次元生物本身不具有三次元的空間觀，所以不可能看得到更高次元，那蚯蚓就是因為左顧右盼又看不到有什麼異狀，蚯蚓就很生氣地罵那個好心提醒牠的三次元生物說：「我根本就沒看不到有什麼生物要抓我，你一定是在騙我，你為什麼要騙我呢？」那三次元動物心想：「好心提醒你還被你罵，讓你被修理一下也好，才知道我才沒有騙你呢，真是好心給雷親。」

蚯蚓真是好無辜，蚯蚓本身能力的侷限，牠是真的看不到罷了，而不是有心要怪罪別人的。對於神鬼之事，一般人又何嘗不是如此，因為我們天生能力的侷

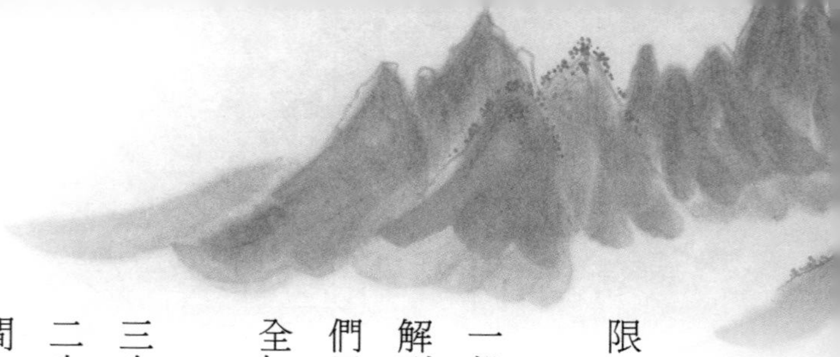

限，不是所有人都對於神鬼之事有相同的理解能力吧。

對於整個宇宙而言，地球像是一粒沙般的微不足道，但是這粒沙對於像我們一般的人而言，還真不是普通的大，一個人窮究一生，可能還沒辦法走遍以及了解到整個地球的風貌，因為地球上每個地方的風俗民情、人文物種都不一樣。我們只能從有限的資訊中得到片面關於地球的一、二事罷了，從來就無人能說他完全知曉關於地球的任何事。

如果把整個宇宙當作是一個二次元的平面空間來看的話，靈界跟陰間就像是三次元空間一樣，此三次元空間是包含一、二次元而同時存在，但是生活在一、二次元的生物是無法看到，以及感應到三次元空間的存在。所以整個靈界以及陰間，是跟我們人類的世界，其實是同時存在同一個空間的。

只是靈界跟陰間存在於比我們更高的次元上，只有祂們現身在我們所屬的次元空間，我們才可能感覺得到祂們的存在，就像你用手抓蚯蚓，而蚯蚓也只有當你的手出現在牠所屬的次元，牠才能感覺得到你的手存在，不然就算你的手都已經摸到牠頭上了，牠還是不知道發生什麼事，而靈界的神明跟陰間的好兄弟，大致上也是這種情況，所以一般人是沒辦法感受到祂們存在的，除非是祂們願意讓我們知道，以及經由修行所得到的能力才能得知。

那又為什麼東、西方所形容的靈界跟陰間都不一樣呢，其實除了少數的騙子及編劇、小說家外，真正去過靈界、陰間的人，回來所寫關於靈界、陰間的見聞錄大致上都可以算是正確的，只是靈界跟陰間跟我們的宇宙一樣都太大了，就像小小的地球上每個地方的風俗民情、人文物種都不同，靈界與陰間也是如此，風俗民情、人文物種都不同，而去過的人大多只看到他所看到的部分，就像是以管窺豹只見一斑一樣，所以每個去過靈界、陰間回來者所說，關於靈界、陰間的事，基本上都沒錯，但他們也都只是看到整個靈界、陰間的一小部分而已。

靈界、陰間跟地球上一樣，並不存在所謂的烏托邦，也不是每個靈的本質、能力都是一樣都是平等，靈跟人類一樣，也存在著性別、能力、智能、體力種種的不同，也存在著進修升遷的管道，當然也存在著維持治安的武力存在，所以才會有護法神與武將的存在。

而就像佛陀的說法，地球屬於慾界，而其上還有色界跟無色界共分成28天，而道家則分為33天，其實「天」這個字在那時代用起來沒什麼問題，而且翻譯佛陀的經典時還蠻貼切的，只是現代人的教育水準都提高了，科學儀器也很發達（雖然幾百年後的人一樣會說我們怎麼這麼落伍），所以用「天」這個字一般人比較無法接受，而且有人會認為某一天的靈比某一天高級，可以掌管他們似的，還會有人認為有個最高的天以及最高的主宰。其實用比較現在的話來講，「天」這個字應該說是國還是洲或是省縣等等比較好，靈界跟陰間一樣，都是分成很多區域，所以每個人回去看到的大都是他所熟悉的那個地方，也可能就是他就是從這裡來到我們陽間的，這也是為什麼東、西方，對於靈界、陰間的說法會有差異如此大的原因，因為他們都只回去看到他們所能看到的，而沒辦法了解整個靈界、陰間的實相。

每個地方來的靈都一樣都是靈，就像人類一樣每個都是人，都是身體頭腦四肢（當然基因突變的人會跟別人在外貌上有所不同），而每個人的天賦、能力、性格、性格等等都不一樣，而每個靈也都跟人類一樣存在著種種的差異性，但是所有的功能都是存在的，只是每個靈的能力開發程度都不一樣而已，也就造成了靈界的種種情況，其實跟地球上很類似，每個靈在靈界也都還是要修行、開發自我提升，而能夠真正熟悉、了解整個靈界、陰間的只有佛陀及十方諸佛，還有道教所說的一炁化三清等等而已，所以包含你現在看到這篇探討的文章，也都只是以管窺豹而已。

而又因為每個靈在靈界還是要修行，而每個人又都是靈所投胎轉世的，因為在人間又特別好修行，也很容易就可以累積功德福報等等，所以會有很多靈自願下凡投胎來修行、助人，順便累積功德福報等等。而除了下凡投胎外，也有很多靈也是下凡但沒有投胎直接降靈在各大廟宇以及私人宮壇等等的也很多。

最後來談談一部電影，由周星馳主演的濟公，如果大家有仔細看，認真看的話，會注意到，那個編劇真是厲害，完全把靈界下凡的事解說清楚了，降龍羅漢因為某事需要下凡來完成，但又因為隔陰之迷忘記了這件重要的天命，伏虎羅漢眼看快來不及了，趕快下凡來提醒他以免耽誤了天命，而完成天命後，回到天庭還可以升官呢，這就是我個人所了解的靈界、陰間。

靈修辨事的基本原則

大家可能會有種假想，高級的通靈人都是萬能的半仙，只要能找到他們就可以預知未來，什麼事都解決了，但事實上是這樣子的嗎？

先來說說廟宇都有的一項服務，除了擲杯、籤詩外，廟宇大都有提供點光明燈的服務，而這也是神明最忙最基本的工作，點光明燈可以消災、解厄，當然還有其他額外的功能，如有的廟宇有財富燈、事業燈等等不一而足。

大家如果有個觀念，說工作不順、風波不斷、小人很多時，而需要出錢請高人消災、解厄，那恭喜你，你有八成的機率被騙徒、神棍所騙，高人厲害也只是人，不會比神明厲害，而且通常這些事只要花五百元，到住家附近的公廟點個光明燈即可化解。

譬如說你這段時間會有車關，神明就會派天兵天將，在快發生的當下，讓你突然開慢一點或快一點，會讓你覺得剛剛好險，還好沒撞到，而這就是神助、神蹟。但是如果開車習慣不好，開車喜歡闖紅燈、超速，那神佛也幫不了你。

但不論是廟宇的光明燈還是高人的法術都有其侷限，正所謂「天作孽，猶可違；自作孽，不可逭」，天助仍須自助，其實開始靈修的時代之後，各大廟宇漸漸都有一項服務，就是提供靜坐的場所跟坐墊，以及禁止乩童起駕辦事，所以如果去各大廟宇，應該可以看到有些通靈人不是去拜拜，而是直接靜坐找神明聊天的，而初級的通靈人也會去靜坐，但是大部分是在求旨、求令、求法寶，求不求得到還要看神明給不給呢，也有人是去靈動、調氣練身體的。

可能會有人有疑問，冤親債主或是阿飄都算是無形界的朋友，而滿天神佛也都同屬於無形界的，那為什麼不是他們自己處理掉就好了，還需要那麼多人受苦再來處理呢？基本上這點是沒錯，如果七爺、八爺出巡看到遊蕩的阿飄一定會帶回去，也只有牽扯到人的事，神明才需要通靈人或是乩童的幫忙，不過以後乩童會越來越少，最主要還是在於，當個神的代言人，這樣子真的不好看，在那邊操五寶血流滿面的，怎麼樣也不像是神明降駕，而且想修行的當乩童的人也很少，所以以後辦事大概只會剩下能通靈的人，而通靈的人不只要辦事，還需要自我修行以及指導別人修行等等。

所以通靈人的功能其實大部分的廟宇都有提供，只是一般人都喜歡聽「人」用講的，所以很多神棍跟騙徒就此而生，而真正需要通靈人處理的事，只有卡陰、冤親債主跟著魔，但是也只這三者有牽扯到人的時候，神明才需要另一個人來處理，而且現在不講求降妖伏魔，直接處理掉的，取代的都是用溝通協調的方式來處理，而且這點也要當事人完全的配合才可以，很多有在辦事的靈修者，應該都會有同感，陰界的好兄弟反而還比較好協調、好商量，往往都是在陽世間的人，會因為鐵齒等等因素而不願相信，所以真正難處理的反而是陽世間的人。

基本上有令旗的冤親債主，是能跟當事人來去自如，連去各大廟宇，帶令旗的冤親債主是可以自由進出的，因為令旗是神佛給的證明，表示他是有資格跟當事人討債的，所以他做任何事神佛都不能阻止，但是討債也只限於他本人，不能無限上綱到連親戚、朋友也要騷擾，這就不行了，所以有令旗的冤親債主只能溝通、協調，如果冤親債主完全沒有意願要化解，那連神佛、通靈人都沒辦法幫你了，這也是通靈人會見死不救的主因之一，有令旗的人表示有資格討債，這是天理，通靈人不能違背天理，神明更不可能違背。而最常見的情況，就是冤親債主願意和解，反而是當事人不相信也不願意配合和解的條件，那通靈者是真的也幫不上忙了，因為冤親債主開出的任何和解的條件，都只有當事人願意去做才算和解成功。

所以再重複一次，真正需要通靈人處理的只有牽扯到「人」的事，而且有令旗的冤親債主如果完全不願意化解，那通靈者也莫可奈何，這就是通靈者的侷限以及辦事的基本原則，所以有些高級的通靈人只要電話一響，就能知道找來的這件事能不能處理，如果是不能處理的，那可能連電話都不接了。

想找通靈者聊天的人，是不是該考慮一下該不該花這個錢呢，是不是一定要找通靈者才能解決問題，還是只想要找通靈者預知未來呢，而這些事是不是各大廟宇就可以辦到的呢，也許各大廟宇抽來的籤詩可能比通靈者說的還要準確呢。

最後還是提一下關於紙錢的事，一般香油錢是捐給廟裡日常開銷用的，而為什麼廟裡都會提供各式各樣的紙錢呢，如果今天你是單純的去跟神明請安問好，那也不用燒紙錢也無妨，不用拿香直接用手拜一下也可以，但如果你今天去拜拜，是有所求，像是保佑我家家宅平安，我家小明能考上好學校，或是事業順利等等，其實神明都會派天兵天將去看看能不能幫的上忙，神明是不需要紙錢沒錯，但是天兵天將他們需要，有人認為紙錢都一樣，事實上天界跟陰界分的可清楚的很，千萬不能燒錯，所以紙錢是一定要燒的，而且不可以亂燒，不要把給好兄弟的紙錢燒給廟宇的神明了。

為道日損

道德經：「為學日益，為道日損，損之又損，以至於無為。」

學習世間法或是學問、知識等，大多是勤有功、戲無益，需要不斷地努力精進、精益求精，才能有所成就。

而修道剛好與這相反，反而比較像金庸筆下「倚天屠龍記」中，張三豐在危急時教張無忌太極劍法，忘的越快反而越好，因為當時張無忌已是頂尖高手，需要的不是劍招，所以張三豐教導的是頂尖無上的心法，是要用心去體會的劍意，而不是表象的劍招而已，名師出高徒，高手都是高來高去的，當一般人都還看不清楚狀況的時候，張無忌早已心領神會了。

而為學與為道的差異在哪呢？用最簡單的表達方式就是，是不是已經進入修道位而定，禪宗的「明心見性」，淨土宗的「都攝六根，淨念相繼」，靈修的「啟靈」等等，在此之前都算是為學，之後才算是為道。為道必須有為學當基礎，而不是因為道德經說「為道日損」，就自認為已進入修道位，就每天無所事事等臨命終時。就像張無忌要能讓張三豐傳授太極劍法，也必需要張無忌有這份能耐，而張無忌的本領也是來自於本身的機緣與努力，才能學會九陽神功與乾坤大挪移，也才有資格接受更高武功心法的洗禮。

再舉六祖慧能與廣欽老和尚來說明，一位是禪宗的祖師之一，另一位則是現在念佛成就的典範，二者都不識字，相同的是都是出家人，從表象來看，二位大師都不識字，自然不會花時間去熟讀經典，每天就是唸佛、打坐、開示，這就是為道日損的表現，但是二位大師要走到這一步，在早期出家生活中，接觸到的都是修行的知見，平常就不缺乏為學的基礎知見，只是二位大師都是利根之人，為學日益的時間相對於一般人短多了，但不代表二位大師就沒有經歷過為學日益的階段。

為道的基礎在於為學，為學日益來自於廣泛的接受正確的知見，而且要不斷地精進求學，不論是單方面的接受知識的傳授，來自與同好的討論，甚至於雲遊四海」四處行腳探訪名士，相互印證等等，都是為學日益的法門。尚稱不上是為道。

為道在於，我們能證實我們所修學的法門了，佛家的明心見性，靈修的啟靈等等，也就是在「一切有為法」中所提的，已經登到修行的山頂了。這時候才是為道日損，損之又損，以至於無為。因為無為，所以一切有為法，如夢幻泡影，因為無為，所以法皆可拋。

在為道日損之後，會銜接上「自在法門」，因為無為所以自在，因為自在所以無為。修道能否自在的根本在於是否真能體悟「為道日損」的意涵。

捨本逐末

在我們文明的發展過程中，科學上的成就是從很多基礎的知識所累積而成，都是從簡單的發現開始，譬如說先發現有火的存在，然後利用火來便利生活，進而發現蒸氣，才有蒸氣引擎、噴射引擎、飛機、火箭、太空梭等等。

一個發現會延伸到另一個新的發現，而很多原本不相干的發現也會融合出更新的發明，如相機底片到數位相機，我們的生活就是這樣慢慢舒展開來，由簡而繁，繽紛多彩。

而群聚部落也是如此，從簡單的個人、家族、部落、鄉鎮、城市、國家等。文化如此，科學如此，事實上很多事物，包含我們在學校所受的教育都是如此，先從童蒙的幼稚園、小學一直到大學、研究所一路向上學習，就像是大樹一樣從根紮起後枝葉茂盛。但大樹再大，一旦沒有了樹根，還是沒辦法生存，甚至於，要是一開始就沒有樹根，也不可能長成大樹吧。

很可能是我們從小所受的教育所導致，很多人在無意間，把這個觀念深耕到自己的潛意識裡去了，並且把這觀念帶到修道裡來了。而一直在追求長成一顆大樹，而拼命補充養分與水分，越讀越多，越修越複雜，這就像是永嘉大師的證道歌中所言：

吾早年來積學問。亦曾討疏尋經論。分別名相不知休。入海算沙徒自困。
卻被如來苦訶責。數他珍寶有何益。從來蹭蹬覺虛行。多年枉作風塵客。

而修道剛好與以上所提的相反，修道不是在發展創新科學、文明，修道不是像大樹一樣枝葉茂盛就是好，不是知識淵博，口若懸河說得頭頭是道，看起來大樹就像山、就代表道。

就像一開始所提的，任何事物的發展就是從最基本、最簡單、最原始所開始的。而修道也有個最基本、最簡單、最原始的東西，而這東西之後的發展，剛好都與道無關，也就是發展的越高越遠，恰恰就是離道越來越遠。這就是很多人觀念迷失之處，簡單說就是捨本逐末。

以上所談論的類似在「為道日損」篇中所說的，但還是有很根本的不同之處，那就是為道日損還是有個比較的基準，那就是與為學相比較而論，因為為學日增，而為道與為學相比較自然是日損。而且為道是有人為的痕跡，要有所作為的動作才能說是為學、為道。而這裡所談的是「道」本身。

「道」本身是永恆不變的，不生不滅、不垢不淨、不增不減，我們不能改變「道」本身，為善不能，為惡更是不能，所以不思善、不思惡，不除妄想不求真。正因為如此，所以我們日常生活對於修行而言，大致可以分成：

一、對於「道」沒有任何影響，但為之無礙。譬如說十善業、眾善奉行等，不能成就道業，但可以增添天人福報，成就日後道業。又如持誦唸經、靜坐調息、守戒茹素等等，都屬於這一類。這類大家還比較可以接受，雖然很多人都認為修行就是要做這些所謂的善業、善行。

二、對於「道」沒有任何影響，但為之不妥。譬如說十惡業、諸惡莫作等，雖然不能影響道業，但也無助於道業，而且世間觀感不佳，更有犯法之慮，自然是不做為妙，這點大家都知道，但還是很多人認為為惡就不能成就道業，譬如說吃葷、兩舌、色戒等等。

而捨本逐末就在於，很多人不去探究「道」的根，反而去摘葉尋枝，就像以前是勸人吃素，而現在市面上卻已慢慢轉變成吃素才是正道，吃葷是罪惡的深淵。以前是勸人節慾，現在也變成夫妻是同修，夫妻間的大禮是犯淫戒，也是犯色戒，很多夫妻一同修道最後卻以離婚收場的原因，就是知見不正確，如果夫妻行房是犯戒，那佛陀還有親生小孩呢。

修道的根本在於道本身，而不在於為道的種種作為上，而我們為什麼要閱讀祖師爺的經典，古代祖師爺的經典，精華中的精華，一再提領我們這些很基本的觀念，譬如六祖壇經、永嘉大師證道歌等等。如果對於道懵懵懂懂，一知半解，推薦能熟讀這些經典，同樣是對道無礙，但熟讀之可以增長正確的知見。

自在法門

在靈修中有個方便法門，我們姑且稱為自在法門，因為他的修行方式還蠻自在的，沒有任何的儀軌，也不用開宮、開壇，也不需要安神尊早晚拜拜，更不用唸經、持咒，也不會去追求感應、神通等等。當然自己要唸經、持咒也可以，自己可以找屬於自己的功課做。自在法門有的也只是靈修該有的修煉方式，啟靈、靈語、開文、靈動、接駕、靜坐而已，如果連這些也沒有的話，那也就不叫靈修了。

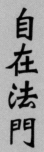

靈修的自在法門是不是代表著，只要做好自己的本份，好好地過自己的生活，沒有在打坐、唸經就是自在法門呢？當然不是那樣。

舉例說明好了，很多是不識字農夫，一輩子為了三餐努力耕種，也只能夠養活一家人，其他更好的生活就不用想了，也沒有任何慾望了，反正也沒辦法實現。一輩子勞作，沒有過多的慾望，也沒有任何不好的生活習慣，不抽菸、不喝酒，所以大多可以活到九十、一百歲的，每天沒事坐在哪裡泡茶聊天，然後撿撿資源回收賺點零用錢。現在這裡的農地也大多變更成住宅用地了，但是他們大多直接傳給子孫沒有留下來自己享受，自己一輩子沒有什麼享受生活的樂趣過。除了沒有在唸經、持咒、打坐外，長壽、少慾、無為、諸惡不做，那算不算修行呢？他們能不能解脫生死、能不能超凡入聖呢？能不能走上成佛之路呢？算不算自在法門呢？

自在法門其重點在於更深刻實際的體悟上，而非著重於表面的肢體語言上。在修行上要走的自在，至少在修行方面有一定的掌握，而非如浮萍找不到根，不知道什麼才是自己修行的根基，也不知道接下來該往何去，如是這樣，想要自在也難。

自在法門的另一個意涵是，不需要在旁枝末節上自我困擾，譬如說吃素好了，發願吃全素那當然是好事，但如果因故吃到了葷食，也不需要發愁說：「這下破戒了，多年的修行都沒了」，那是小說的用法，現實生活中沒有那麼嚴重吧。

又譬如說，有人發願每天早晚各要持經一遍，某日因故無法趕回家持經，心裡不由懊惱說：「該怎麼辦，今天的功課沒有做，這下糟了」，修行有那麼嚴苛嗎？

更有人自我要求說，每天至少要打坐一個時辰，某日因病沒辦法坐，又開始煩惱說：「這下該怎麼辦，今天打坐沒有坐，不知道明天補做回來行不行呢？」

也有人會煩惱今天要出遠門，晚上可能來不及回來跟神明與祖先請安上香敬茶，可能從此不出遠門，除非找到人幫他做這些事情。

依此類推，其實我們的日常生活中，很多事情在無形中困惱著我們，而我們不自知罷了。

靈修也是如此，很多靈修者會在有意無意間，自我設限、自我煩惱而不自知，主要的問題還是在於執著一些旁枝末節、無關緊要的事物上，該不該燒紙錢、該不該打坐、該不該會靈、該不該安奉神尊、該不該持經、持經可不可以出聲、可不可點沉香等，太多類似的問題困擾著眾多靈修者。

這些都重要也都不重要，端看自己怎麼看，因為眾多靈修者中，都有人這樣做，也沒有比較好，當然也沒有比較不好，那何不自在一點，走好自己好走的靈修之路即可，何必在意那麼多別人的看法呢？

神魔之分

之前有提過神、魔是同一等級的，善者為神，惡者為魔，神不是一直都是善的，神也可能一念之間變成惡的；而魔也是，魔也可能一念之間變成善的。事實上靈界跟陽間都一樣，沒有絕對善與絕對惡，佛也發火了，更何況是人。

因為不求感應、不求神通，所以大眾常講一句話就是，「佛來佛斬、魔來魔斬」，而這也是很好自我保護的方法，不過他們的原因大多是：「末法時期，群魔亂竄，所以來的都是魔，都是魔來誘惑我們，都是魔來考驗我們，諸佛菩薩只存在於經書裡，根本就不可能來找我們，更何況還跟我說話，這些都是魔假扮的，我才不要聽呢，所以老實念佛最好了，什麼佛啦、魔啦，都不要來找我，我才不要什麼感應、什麼神通的。」

這就是典型的「葉公好龍」，葉公認為龍只能是木頭、石頭雕的，只能畫在畫裡，千萬不要跑出來跟我說話，不然我會嚇死的。試想想，諸佛菩薩萬應化千，怎麼可能只有短短的幾十年壽命呢，而且要在十方佛土示現渡眾，怎麼可能會漏了地球呢，又怎麼會忘記台灣呢，所以囉，口念菩薩，心念菩薩，可是菩薩來了又說人家是魔，這該如何是好呢。

因為靈修法門就是要跟神鬼打交道，所以神、魔一定都會接觸到，而一般初期的靈修者是很難分辨，有時候連高級的靈修者也會看走眼都有，因為諸佛菩薩有時候也會現魔像考我們，更何況有太多魔假裝神明在辦事了。

那有人會問了，既然諸佛菩薩，法力無邊、神通廣大，怎麼不把所有的妖魔都抓起來、消滅掉呢？如果真的可以這麼做的話，那當初佛陀即將成佛之時，魔王逃跑都來不及了，怎麼還敢來魔考呢。

這就又回到開頭所寫的，神魔是同一等級的，善者稱神，惡者稱魔，但是又沒有絕對的善惡之分，所以神也會成魔的，說不定大家所熟悉的神明，在我們不知不覺中漸漸魔化了也說不定，這是很可能發生的，諸佛菩薩不能干涉因果，又神通不敵業力。反而諸魔就沒有這些顧忌了，要求財喔，沒問題，大樂透一張，要桃花喔，沒問題，符咒一下就有呢。所以反而顯得這些魔才是神通廣大呢！

所以神魔該怎麼分呢，有些通靈者會說，我看得到啊，是神是魔一目了然，那還需要分辨呢，可是神魔都比人厲害，怎麼魔要假扮神，還會讓人看破手腳呢，而且很多靈修者看不到，又該怎麼辨呢。所以我們的分辨方式很簡單，看看交代的是什麼事情，合不合情理。譬如說，菩薩交代明天去捐血，這沒問題。明天去幫助貧苦人家、捐點錢，時間、經濟允許那也沒問題。明天去某某大廟走走參拜一下，可是明天要工作沒時間去，跟菩薩說改天行不行，如果菩薩說不行，一定要去，那就要考慮是不是魔所說的了，如果菩薩說，那哪一天有時間呢，你就可以跟菩薩打商量了，這才是真正的菩薩，因為諸佛菩薩都是慈悲為懷，他們知道我們在人世間有很多世俗事要做的，所以交代的任何事都是可以商量的，絕對不會強迫我們去做任何不合理的事，像是要人家一定要離婚啦、夫妻一定要分房睡、明明經濟不好了還要花大錢等等，這些都是不合理的，靈修者一定要能自我判斷才是，而不是被牽著鼻子走，連要走到哪裡都不知道。

滿州無極慈母聖宮

十月又是賞鷹的季節，每年這個時候，滿州的賞鷹橋都會擠滿了愛鳥人士，有時候人太多還會交通管制。所以今天特來向大家報告一個絕佳的賞鷹地點，「無極慈母聖宮」。

無極慈母聖宮位於屏東縣滿州鄉，剛好就是位於「海角七號」，女主角友子奶奶居住「滿州古厝」旁邊的山上。慈母聖宮主祀「虛空無極瑤池王母娘娘」，配祀「地藏王菩薩」、「福德正神」，王母娘娘與瑤池金母幾乎是所有靈修者的靈母，所以所有靈修者都可以來這邊與母娘相會，順便可以來這滿州最佳的賞鷹地點賞鷹。

第一次來這邊也是賞鷹的十月份，當時我們是在半山腰看幾百隻的老鷹在我們眼前翱翔，順便看看下面賞鷹橋的人山人海，每個人都抬頭在賞鷹，真是替他們的脖子感到酸啊，所以強烈建議如果有行程到滿州賞鷹者，記得過了賞鷹橋還要繼續往上開，路旁都有招牌指往慈母聖宮，記得繼續開到宮前的廣場把車停好後，然後一切請自便，旁邊有人專門在泡茶，口渴可以喝，不用擔心，因為一切都是不收任何費用的。

宮主武璋師兄，自從接下宮主之前，已經修道十幾年了，但當時王母娘娘還是特別交代要先閉關，一切都是閉暗房、斷食，先從三天開始，然後七天、十四天、二十八天、最後四十九天，都完成後才能掛宮主之名正式辦事。

武璋師兄雖然也是一宮之主，也有在辦事，但是這一切都不收取任何費用，隨喜自行添點香油錢，而且所有的香油錢都是用在宮裡的花費上，他們一家大小還是要靠賣早餐維生。服務項目包含擇日、祭改、冤親債主、卡陰、通穴道、訓體、靈修等等，除非如祭改需要自備金紙，或是先用宮裡的金紙外，事後要補這些金紙的錢外，是不另外收費的，當然沒事也可以去那邊泡茶、聊天、看風景。而所有靈修者也都可以去那邊自行訓體、靜坐等等，當然也可以與武璋師兄互相討論交流，順便欣賞附近美麗的風景。

先天與後天

先天與後天之分別有種說法，所謂先天就是像三清道祖等，一開始就是與天同壽，也有人說天地是這些先天神祇所創造的，也就是說先天的神祇，一開始就是神仙了，不用經過修煉的階段。

後是需要經由修煉的階段，就像佛陀是經過無數劫修煉才成佛的，呂仙祖等八仙都是如此，所以後天的神祇也可以說，是本靈需要經由累世的修煉才能超凡入聖。這是先、後天最大的差異。

先天的神祇，是負責整個宇宙的形成，天理運行的制訂，以及跟我們息息相關的，就是為什麼人要有生死輪迴，為什麼色身有生滅，而本靈卻不生不滅，為什麼要經由修煉才能超凡入聖，而不是一開始就不垢不淨，不生不滅，為什麼要有那麼多法門，甚至於為什麼要創造地球，為什麼大家要在這裡受苦等等。套句佛家的說法，「唯有佛與佛能了知」，身為凡夫的我們，是想像不到的。所以一直在追問為什麼，是沒有意義的，因為就是如此，為什麼如此，只有先天的神祇知道，我們就是只能在這個規範裡過生活。

當然一定會有人不認同這說法，會說我為什麼要過別人訂好的規格過生活，很可惜的是，人一定有壽命，命終之後一定受報，做不好一定去受苦，還沒有人能夠跳脫出去，就算是後天的神祇也沒辦法，因為慾界、色界、無色界都是先天神祇所創造的，規則一樣是他們訂的。就像我們在學校受教育一樣，對老師不滿，對校規不滿，還是一樣要去讀書，因為這是國家規定的。那可能有人會說，那我死一死就解脫了，很抱歉，死一死還是要隨業受報的。

說到這裡好像很悲觀喔，怎樣都逃不出別人的手掌心，還好的是，天先神祇早就留下了一套遊戲規則，也就是我們修行的目的，就是依照這些規則玩完這套遊戲，不管是佛陀的成佛之路，還是道家的修煉成仙都是，這些至少都可以先擺脫生死輪迴，擺脫生死之後當然還有很長的路要走，但至少可以自由自在的慢慢修煉，不用再投胎轉世了，受隔陰之迷，又要重新再來一次，這也是為什麼那麼多神祇要在廟宇幫助眾生的原因，因為那就是他們的功課，他們現階段就是該在廟宇裡服務，等到功德福報累積夠後，才能晉級，而有些靈修者以後也會走上這一條路。

這也是靈修者最常聽到的「復古收圓」，因為我們的本靈都是先天的神祇所化下來的，我們本靈的故鄉也是在那裡，所以靈修的目的就是回去我們本靈的故鄉。怎麼回去呢？就「復古收圓」的說法而言，就是考試，考過就能回去，考不過就繼續在這裡受苦，就繼續在這裡天天問為什麼為什麼？既然要考試，就像在學校一樣，要先教一段時間才會考試吧，這就是為什麼那麼多宮壇，那麼多靈修團體的主因，因為眾先天神祇需要這些場所來教導大家如何擺脫這些。

後天永遠無法修到先天，因為那是兩種完全不同的概念，就算是猴子穿上衣服也是人模人樣的，但猴子永遠是猴子，不會猴子穿上衣服之後就變成人了。

而知道先、後天的差異，至少可以讓我們知道我們的侷限在哪，不至於自我膨脹到無法無天的地步。

三世因果

所謂三世因果，前因後果，有因必有果，有果必有因，種善因得善果，種惡因食惡果，這就是佛陀教導我們的因果論，而因果論主要還在於教導大家，諸惡莫作、諸善奉行，因為佛陀舉了很多自身的例子來說明，當時佛陀的很多弟子看到很多現象覺得疑惑，會請教佛陀是什麼因緣導致這樣，這時候，佛陀就開始講了，那是因為某人在某世做了什麼事，導致於今天受到此報，所以大家要好好警惕，諸惡莫作，不是不報，真的是時候未到，這世不報，一定有某一世會報。所有人想要超凡入聖，想要成仙成佛，一定要先把累世的因果報應先償還後，不再造新業，才可能有所成就。

佛陀舉了很多例子，其中有個很有名就是「目蓮救母」的目蓮尊者，也是世上「盂蘭盆會」的由來，試想看看當初「神通第一」的目蓮尊者，尚且不能救母，需要藉由供養僧眾，功德無量，憑此慈悲心，方能解救自己的母親。而且之後在佛陀涅槃前，目蓮尊者遭外道殺害，眾弟子也是請問佛陀，佛陀也只能回答說：「這是目蓮尊者業力現前不得不報」，也是因為目蓮尊者在累世輪迴中做過了什麼事，所以在這世當受此報。

綜觀佛教因果論，並不像現在有在辦事的靈修者一樣，是可以化解因果關係的，佛教的因果是必須受報的，所以當遇到問題發生時，佛教並沒有任何法門可以幫助的，試想看神通第一的目蓮尊者，都不能自救了，更何況是其他僧眾，怎麼可能有能力幫助眾生了結因果呢？所以佛教徒的做法就簡單多了，唸經迴向，一直都是這樣，有問題就是唸經迴向，以不變應萬變，還是沒辦法解決時，就說是當事者福報不夠，需要佈施，需要供養眾僧，供養眾僧功德無量，這樣問題才可以解決了。

事實上，如果只能觀因果而不能解決因果的話，那我們也不需要因果論了，因為什麼都改變不了，過去發生過的事，不能改變，而未來該發生的果報，又一定會發生，那佛陀真不應該告訴大家有因果這東西，因為只會增加眾生的困擾而已，對於眾生一點幫助也沒有。

而且具宿命通者，有的只能觀一世，或有三世、五世、乃至於七世，「唯有佛與佛才能真正了解一個人的全部因果」，如果某事是發生在七世之前，那具宿命通者也是無法得知的。

那眾多靈修的師兄姐，其中有在處事有在觀因果者，又是怎麼回事呢？功力好的三、五世，功力不好的一世也看不清，而且每個人看到的都不一樣，所以如果有興趣全台走透透者，可能問到的答案都不一樣，說不定找到同一個靈修者，也會得到兩個完全不一樣的答案呢？因為這些都沒辦法應證，就連靈修者相互之間也沒辦法應證，因為「唯有佛與佛才能夠全部知道」，所有靈修者都只能看到某部分，所以一般靈修者很少會主動去看因果，因為不能全盤了解，而且沒看到的部分，說不定才是真正有影響的部分，所以說主動去幫人家看因果是沒有意義的。

因為假設說有靈修者看到某人在某世殺了人，問題是這個被殺的人根本就還不知道要討債，或是根本不想討了，靈修者可不可能去找到這個被殺的人出來化解呢？

所以靈修者通常都是等到人家上門了，才有可能去做和解的動作，如果人家都還沒拿令旗出來討債，或是所謂因果病還沒發生之前，主動去調因果有什麼意義呢？

當問題出現後，也知道前因後果了，這時候就可以做補救的動作了，這部分就是佛教比較少提到的部分，反而靈修與道教著墨較多，因為大家都要生活，不可能修道之人就不用吃飯，所以通常都會收點費用，這就讓有心之人可以利用來詐財了，甚至於受人供養的僧眾們也出來攪局，明明沒有法門可以幫助人家，明明就是做無事僧，天天有人供養，還批評有能力幫助別人者，收點微薄的生活費，批評這些都是邪魔外道的手法。

而一般因果都是怎麼處理的呢？能和解的和解，不能和解的只能讓它發生。小事情就花點小錢佈施，花點時間唸經迴向，大事情就只能像佛陀教目蓮尊者的，辦盛大的法會迴向，而且還要有地藏王菩薩作主說可以辦才算，而不是想辦就辦，有錢就可以辦，也不是年年辦「盂蘭盆會」就有效，如果是這樣，那有錢人都不用擔心因果了，用錢就可以解決了。

所以先要有懺悔心，先向地藏王菩薩懺悔，請地藏王菩薩作主，說自己累世發生過的事，自己也不知道，今天終於知道了，也有心來做個了結，願意佈施、唸經、辦法會超渡，等地藏王菩薩同意之後才能去做這些動作，也才有效，而且這些事也不是地藏王菩薩自己說好就可以了，地藏王菩薩也不能阻擋因果，他只能跟對方協調，如果對方不同意，那地藏王菩薩也不能答應你，這時候就是該讓因果發生的時候了，所以說不是找到地藏王菩薩就萬事解決了，沒有那麼簡單的事，一切還是自己要先懺悔反省，地藏王菩薩才有可能幫幫你協調看看，之後的動作才可能有效。

其他如東嶽大帝、馬國公、包青天、城隍爺等神明的業務也與個人因果有很大的關係，在傳統的看法裡，也可以去這些廟宇請求神明幫忙，能不能有效則要看個人因緣福報而定，這也是另一種方式。

因果業力

「業力現前，不得不報」，這句話是因果論中很重要的一句話，試想當初佛陀在世時，尚不能干涉因果拯救釋迦族人，十大弟子之一的「目蓮尊者」在因果現報時尚且不能自救，連佛陀在世也幫不上忙。因果業力絕對是「個人造業、個人承擔」，沒有別人可以代為承擔業力的。

但是，就是很多人樂於助人，認為幫助人是好事，是佈施，怎麼會出現問題呢？更何況還有很多醫生、護士他們的職業就是救人，怎麼救人還要承擔別人的因果業力呢？所以他們認為任何事都可以幫，只要是幫助人都是好的，都不會出現擔別人因果的事，所以不只自己這樣做，也一直在鼓勵別人樂於幫助別人。但是這些人中只有極少數是所謂的通靈人，只有極少數是有在辦事的人，大部分人都是一般世俗人，用一般世俗的眼光、知識來判斷這件事，所得出來的結論，大部分的靈修者都會被告誡不可以擔別人的因果，連諸佛菩薩都不能干涉因果了，更何況是一般人。

看到這邊一定有人還很迷糊，看不懂，他們會認為，諸佛菩薩不是教大家要佈施嗎？怎麼這裡說不能幫助別人呢？因為這些事的關鍵點是在於一件大家很常忽略的事，重點不在於幫助別人這件事上，整件事的重點在於「因果業力」上，文章一開始就說了「個人造業、個人承擔」，這也是一般通靈者最常犯的，靈修者會認為自己很厲害，又有諸佛菩薩的保護，反正助人是好事，那有什麼因果業力干擾呢，然後在無形中就承擔了別人的業力。

舉例說明，在人間有人犯了殺人重罪逃亡中，然後你因為可憐他，想幫助他，不管是收留藏匿，還是資助逃亡等等，這些在法律上都算是共犯，都是有罪的，殺人是他殺的，罪也是他犯的，本來就該他受報，結果你本來沒事，也只是想說助人為快樂之本，結果現在還要陪人家一起犯法。

因果業力也是如此，會有因果業力就表示他累世中有犯下天理不容之事才會產生，這些事絕對是他自己做的，這些不像人世間還要講證據才能定罪，因為我們所造的業，自己的阿賴耶識記得一清二楚，絕不會有冤獄的事情發生，所以因果業力都是自己所造的惡業，當然必須自己承擔了，任何通靈者只要干涉到別人的因果，那些業力會轉移到這些通靈者身上，因為業力現前不得不報，結果通通報到通靈者身上去了，一次二次說不定還可以承擔，十次百次、千次承擔的了嗎？

助人絕對是好事，但是要看情況，也不是所有事都要牽扯到因果上面去，有些像只是單純吃壞肚子生病，或是最近的流感，還是全世界的金融風暴等等，這些都沒有因果關係，尤其是通靈者，一定要分辨清楚，來問事的這個人這件事，到底有沒有因果關係，這點十分重要。而不管是有沒有帶旨令，有沒有在辦事都一樣，一般靈修初期剛有感應時，會知道一些別人因果的事，也常常不經意地跟別人講，這些都會無形中承擔別人的業力，這也是我們之前常說的，就算知道也不可以講的原因了。不要把別人的業力加在自己身上，連諸佛菩薩都不能如此了，更何況是我們呢。

重點在於，靈修者本身是不是能正確地分辨出是不是因果關係，如果不是因果關係，那事情會比較好處理，而如果是屬於因果關係，在處理上則需要小心謹慎，不要賠了夫人又折兵，反而連自己都賠上去了。

一切有為法

一切有為法，如夢幻泡影，如露亦如電，應作如是觀。

無智亦無得，以無所得故，菩提薩埵。依般若波羅蜜多故，心無罣礙，無罣礙故，無有恐怖，遠離顛倒夢想，究竟涅槃。

大致上修行的過程就是如此，先從「有」到「空」再到「無」之後再回到「有」，而不是沒有經過「有」的階段，就直接從「空」跳到「無」，而在「無」之後，就什麼都沒有了，而沒有回到「有」。

先說說有為法好了，凡是修行都有一定的過程與步驟，不論是「菩提道次第廣論」，還是楞嚴經中的二十五個圓通法門中最殊勝的觀音法門，或是淨土宗念佛法門與道家的修煉法門都是一樣，這些都屬於有為法，就像是登玉山好了，不管是從登山口出發，還是從玉山任何一方直接攀岩登頂，或是直接搭直升機攻頂都一樣。

登頂後之會發現一切豁然開朗，山下的風景一覽無遺，什麼都清楚了，再仔細看看自己走上來的路，順便看看其他路線的風景，原來，路不是只有一條，而是條條大路通羅馬，有的路很好走，也有些路需要披荊斬棘才能前進，當然有人會半途迷失了方向而永遠攻不了頂。

我們因為站在制高點上可以一目了然，很自然地可以指點迷途之人一條明確的道路，讓他們也能很順利的登上山頂。

修行也是如此，必須先經過某些修行的步驟，有所成就之後，才有修行果位可得，而任何修行法門在最初是一定有實際的果位及境界，而不是一開始就是什麼都沒有的空界。以上都屬於有為法的範圍。

那在登頂之後呢？山下的風景已經看過了，這時候如果我們抬頭往上一看，原來上面還有更寬闊的天空存在著，而就相對於山下的風景而言，上面這個寬闊的天空，明明就還有日月星辰、碧海青天，然而看得到這些景色，卻又摸不著，要說它沒有可是明明就有，當然現在大家都知道上面是有大氣層、太陽、行星，還有宇宙，我們現在也有相關的儀器可以偵測、分析了，可是我們還是不能親身去體驗在宇宙的感受是如何。

這山頂就是修行中很重要的分界點所在，登山過程中的有法可得、有法可證，到登頂後的無法可得，從一切有為法，到一切有為法，如夢幻泡影，如露亦如電，應作如是觀。

如果要為登頂後的法門取個名的話，可以相對於有為法而稱之為「自然無為」，因為已經登山到了山頂，也知道所有法門都可以登上山頂，登山之後的廣大空間已不適用之前登山時所用的有為法了。當然佛陀也早跟我們說過登山後的風景，以及整個法界的實相了，而能走到這邊的修行者，對於之後的路該怎麼走也應該了然於胸才是，所以這時候就是該到空的階段了，也就是心經所說，無智亦無得，以無所得故。

當我們還在執著於什麼法門之時，表示我們的境界還是有為法裡面打轉，但也不是滿口說空，說無就表示已經脫離有為法了，真正對於空、無的悟證，只有自己最清楚，所以自然法門走到最後還是自然法門，但是整個心境是完全不一樣的，從有到空，而且最後還有個無，之後回到有。

修行者應該大多聽過一句話「萬法歸一」，那「一」歸處呢？這個「一」絕對不是修行的終點，而只是另一段修行旅程的開始。所以「法尚應捨，何況非法」。靈修不需要執著在有為法上，雖然有為法也很重要沒錯，但對於靈修而言，更重要的是在有為法之後。

過程

一般我們所謂的靈修法門，不管是有人帶領，還是自行領悟，一定會經過「啟靈」、「靈動」、「靈語」、「靈文」、「降駕」等等過程，這些是其他佛、道所沒有的，大家共有的大概就只有經文方面了，因為佛經是大部分修行人都會看的，道家與靈修則有幾分相似，尤其在於請神降駕部分，有很多雷同之處，但這些都不算在靈修法門之內。

由於靈修法門起源甚晚，又沒有所謂一派宗師，成立派門或寫下經典，但奇怪的是，偏偏有很多人就是無師自通，尤其是佛、道眾多弟子中，在唸經、修行過程中，無意間就自行啟靈了，所以要我們這些明明就有所感應之人來否定靈修法門，還真的很難，但偏偏我們這些有感應的人，又沒有一部經典可以依據，只好引用佛、道兩家的經典來修持，這也是最容易與其他修行者起爭執的緣由，因為飽讀經典者不一定有我們的感受，而我們看經典是用靈修的角度去看，反而十分容易進入，很容易就可以理解金剛經的意涵，以及心經到底在講什麼，但是同樣一部心經，市面上大師的解讀，絕對跟靈修者的看法完全不同，因為他們完全沒有靈修者的經歷與感觸，只能依照他們的學識與悟證來解讀經典，所以可以看到國學精湛的國學大師，可以解讀一大堆佛、道的經典，這在古代是看不到的，除了少數如道家的呂仙祖等有註解過佛門的金剛經等經典外，古代的修行大師，道是道、佛是佛，個人修個人的，互不相干。

之前有提過「自在法門」，有靈修者對於自在法門很有興趣，也有些靈修者看出其實自在法門一點也不簡單。要走到自在法門這一步，前面也要花相當多的工夫，就像在「一切有為法」中提到的，至少也要從山下走到山頂，而登頂之後才能算是自在法門，而登頂之前就是我們該下的工夫，當然要登頂是可以一步一步慢慢往上爬，但也可以找台直升機直接送你上山頂，這端看個人的因緣福報以及資質而定，不是每個人都要慢慢一步一步往上爬，也不是每個人的腳程都一樣。

就像在自在法門中提到的，該會的功課最少範圍就是「啟靈」、「靈動」、

「靈語」、「靈文」、「降駕」這些，不是只有單純的會說會寫而不懂意思，而是要完全熟悉，自己要能說白話，別人說的靈語也要能聽得懂並翻成白話才行，靈文也是，要能筆拿起來就能寫詩句，而且最低限度也要能分辨神明與其他外靈的不同。

所以在這裡必須做個小結，不然繼續下去還是一樣會造成某些人的困惑，一方面是對於靈修法門的誤解所造成的，一方面卻是自己的功夫不到家所造成的。而所有靈修者都必需要牢記的一點就是，靈修不是只有修自己就可以了，還必需要幫助其他後進的初學者，幫助他們精進，也幫助他們少走冤枉路，關於這點還是仰賴大家，貢獻所學，並且探討出一條康莊大道來，修行沒有對錯，不是我們所學的就一定正確，不是我們所看到的就一定正確，因為靈修不是某些人的專利，應該是適合所有靈修者走的，不應該出現團體間的看法南轅北轍，而應該是大同小異才是。

逍遙遊

當「萬法歸一」後，接下來就該走到道家的境界了，今天來談談「逍遙遊」，道家的代表人物之一「莊子」，曾經寫過一篇「逍遙遊」，這是篇對於修行很重要的文章，從很多面去看這篇「逍遙遊」都可以得到很多啟示，有人說這是篇天馬行空的中國式寓言故事，有人說這是篇莊子的人生哲學，裡面意境不凡。而每個修行者依照自己的境界，讀這篇文章都可以得到某些東西，原文很容易就可以找到，希望大家有空還是可以看看。

當「萬法歸一」後，應該也已經知道之後的路，肉體是我們的負擔，也應該不在執著於肉體了才是，如果還放不下肉體，應該也走不到這一步吧。「萬法唯心造」，之後也只剩下心而已，當肉體不再是負擔，是時候把思想的束縛解放開來了，不要說天地任逍遙，而應該是整個宇宙、法界任逍遊才是，就像諸佛菩薩可以十方佛土隨緣渡眾，我們的心雖然可能沒辦法渡眾，但去觀光卻也沒問題才是，佛教的入定後去聽諸佛菩薩說法，或是道家的元神出竅，或是靈魂出竅等等，很多都是修行者親身經歷而告訴大家的，這也可以算是另一個必經的階段吧。

而不是說在靜坐時最好都不要有感應，什麼都不要想，到這個階段的靈修者應該都可以分辨了，所以就不再老生常談了。

很多靈修初學者心思還不太穩定，是很容易自己起心動念的，所以很多境界都是自己想像的，這也是很多初學者會開始自我膨脹的原因，會覺得人家說的境界自己都有耶，原來自己是上根者，一下子就到很高的境界了。

所有靈修者的修行境界只有自己最清楚，而與同修互相交流是必要的步驟，而初學者最好還是找人驗證會比較好，就算真的是上根者，有很高的境界，也不是拿來空談、炫耀的，而是真正拿出法門來指導後進以及解決修行者的問題才是。而真正到這境界的高人，宇宙法界任逍遙了，怎麼還會在乎名、利、讚譽、毀謗呢？

當我們有這層體悟之後，自然會對世間的事務看得很淡，畢竟這一切都是虛

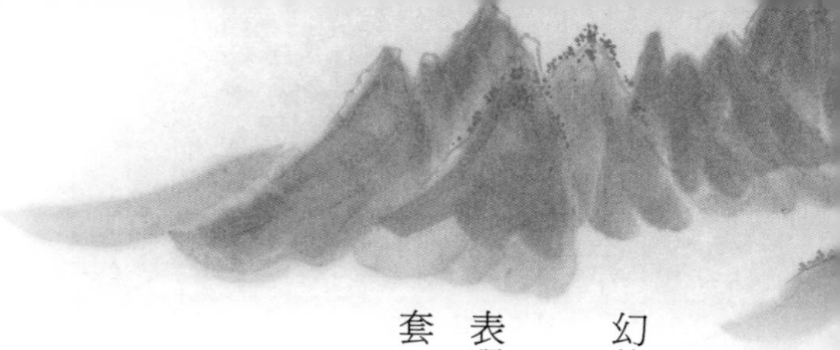

幻的，有什麼好執著的呢？認知到了這一點，才有真正的自在法門。

對於靈修者而言，不要自己說自己已經可以在法界任逍遙了，但在人世間所表現出來的卻都不是這麼一回事，一付高人的模樣都沒有，說一套做的又是另一套，又怎麼會讓人信服呢。

獨學而無友，則孤陋而寡聞

我們從小開始受教育以來，大概都是如此，由師父帶進門，但是修行就在個人了，師者，所以傳道、授業、解惑也。但畢竟這是條單行道，就像是孔子不能教導出另一個孔子，老子的門生中也不會出現另一個老子一樣。當然也有可能會青出於藍而勝於藍，但那是指弟子自己的努力與天分才有此可能，而非單靠老師傳授就可以青出於藍。

這也是為什麼在修行的路上，同修或是可以交流對談者，佔了很重要的角色。在修行初期，任何法門都是由師父指導這個法門的知見與訣竅，禪宗有禪宗的法門，淨土宗有淨土中的法門，道家有道家的法門，連靈修也有自己的法門，這些都不是無中生有的，都是前人的學修經驗，印證之後，所流傳下來的，但是在流傳的過程中，一定會有遺漏，也會有增添，慢慢地會失去原來的風貌，這是必然，是好是壞就說不定了。

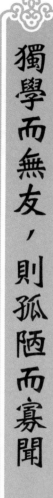

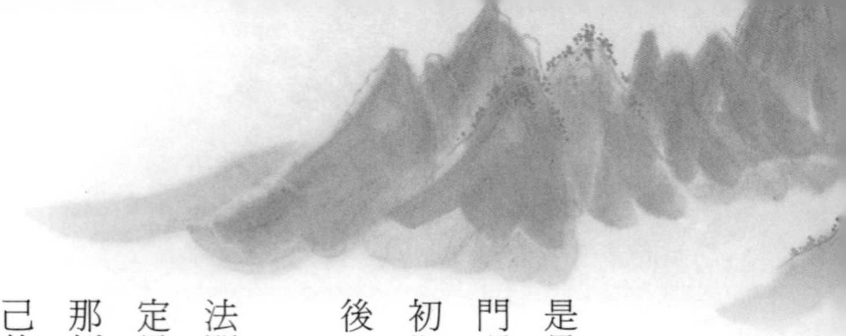

在我們修行之初，選擇修行法門時，不管承不承認，一定會認為自己的法門是最殊勝的，不然我們選擇其他法門就好了，為何還要選擇自己現在所學習的法門呢。在挑選明師時，也是如此。但是這些都是自己一廂情願的看法，因為修行初期，什麼都不懂，更不用說去分析、判別、選擇適合自己的法門，而修行之後，除了自己的法門外，其他法門可能也沒有機會去深入探討印證。

獨學而無友，則孤陋而寡聞，當我們固守門戶之見，而常說不用與人家爭辯法門的優劣，自己修好就好了，何必去管他人說什麼的時候，我們已經落入一個定見中，這個定見是好是壞就不一定了。如果帶領我們的師父是佛陀、是老子，那倒還好。但是我們怎麼確定我們所追求的明師也是如此呢？如果我們的明師自己的路也走錯了，那我們這些跟隨在其門下者，又該如何自處呢？

所以在修行一段時間之後，具有自己思考、分析、分辨、印證的功夫之後，就該去參訪去行腳去印證，最好是多與不同修行團體接觸，接觸不是要比功夫試高下，而是探討對於「理」的認知，就像在「一切有為法」所提到個「一」，看看各門各派對於這個「一」的認知，去印證自己所知道的是不是正確，如果看法有很大的差異時，就該自己思索，是他們看法有誤，還是自己一直以來所以為的「理」有誤，而這個「誤」，差別在哪裡，又為什麼是「誤」，就是我們去參訪的重點了。所以獨學而無友，則孤陋而寡聞的重點在於「理」的探究上，而不是在於「事」的高下，也就是說，互相交流不是要跟別人較量能力的高低。

益友有三，友直、友諒、友多聞。多交些益友於我們的修行自然有好處，畢竟人的精力有限，我們不可能每件事都知道，也不可能每樣技能都熟練，遇到我們不懂或者是不熟悉的事情時，有人可以讓我們請教是最方便的事情。

靈修也是如此，不論是修行的法門，還是所遭遇到的事情，任何一位靈修者都不可能知曉所有的事情，其中有些靈修者知道的事情比較多，有些靈修者知道的事情比較少，有些事情只有曾經遇過的靈修者才知道，大部分的靈修者都只知道一小部分而已，當我們遇到我們所不知道的事情，又想瞭解時，除了自己摸索外，最快的方式還是請教其他靈修者。

對於任何靈修者個人而言，除了自己以外的靈修者，並可以在網路上互相交流者可能數以千、萬計，還有無數靈修者是不上網的，這些靈修者當中有很多是會互相交流、彼此請教的，如果運用得當，事半功倍。

很多靈修的知見也是這樣慢慢在網路上建立出來的，畢竟互相交流需要有相同的語言，相同的名詞才能真正的對話，如果一個靈修者老是用一些其他靈修者聽也沒聽過的名詞來對談，其結果不是這名詞被大家所接受，就是這名詞慢慢會被遺棄淡忘，而這些大家所能接受的名詞，也就成了靈修者最基本的知見了。

當靈修有了共同的知見後，一切發展才能繼續，所以會有越來越多的靈修者寫出屬於靈修的心法與經歷讓大家參閱，坊間書局屬於我們靈修的書籍會越來越多，這對於靈修法門的發展是很正面的助益，也可以讓一般大眾對於靈修有相對正確的認識，而非用偏見來看靈修這事，這也有助於靈修者的家庭生活，少點爭端，總是好事一樁。

依法不依人

依法不依人，這是佛陀的名言之一，但在我們固有的文化，受到儒家尊師重道的影響，這變成一句大家朗朗上口的口號與宣傳語，也就是說大家都會唸，而且還很常唸，可惜靈修者真的很少有做到這一點。在尊師重道的前提下，一旦入了師門，拜了師，那一切都定案了，老師的言論是不能被評論的，只有接受的份，即使其他人早已評斷這老師的法門有誤時，不但不可以接受，而且還要大力的替老師辯白，這就是現狀，也是典型的「依人不依法」。

而「依人不依法」其結果就是現在大家常看到的情況，滿街的上師、活佛，還有大大小小的宗教團體等等，都可以說是依人不依法的結果。就是因為「依人」才會形成大大小小的組織，不然修行是條孤單的路，當有所成就，可以自修自悟了，就是應該開始行腳參訪的時候了，怎麼還會常跟隨在師門左右呢，這也是為什麼之前要寫「獨學而無友，則孤陋而寡聞」的原因之一，這也是依人不依法的後果，一切都依賴這個「人」，而沒有認真的自己去思考這個「人」所傳的這個法是不是真的如法。

這也是為什麼，靈修法門只有師兄姐的稱號，而沒有所謂的師傳的主因之一，因為要「依法不依人」為主，不管是目前在帶人修行的師兄姐，還是跟隨前輩學修者都是一樣，最後還是會回到自己的本靈上去修持，更不用說所謂的無形師了，尤其是靈修者最常遇到的五母，通常其他師兄姐只是帶領提示而已，真正的法門都是由母娘親自於靜坐中或是睡夢中傳授的。所以靈修只有宮主等職稱，而其他人則只稱呼師兄姐，這多少可以防止依人不依法的濫觴。

之前也說過，靈修法門是近十幾年來才有的法門，一切亂象叢生，很大的原因是每個人都會有感應，每個人都是會有無形師親傳，所以每個人都可以自己詮釋自己所學的、所感受的。而這時候經典就是很好判斷的標準，不論是佛教還是道教的經典都是一樣，不管怎麼感應，再怎麼無形師或是無形的事物等等，其實佛教講了很多判別的方法，楞嚴經就是其中一部，尤其是什麼是神通，什麼是魔通等等。

靈修有人說其實是比較偏向道教的，因為所謂的五母，所謂的無形神祇大多是道教的神祇，所以道教的理論其實是蠻相對比較符合靈修的，尤其是關於鬼神、感應、無形界方面，大概都可以從道教中尋得一些資訊，如科儀、法會、符咒等等。

雖然靈修是近十幾年的事，但也算是在修行的行列之內，不要認為幾千年的眾多修行者都是盲目的，他們的經驗、著作都不重要，事實上代代都有高人出世，我們短短幾年的修行，就想超越人家一輩子的成就，想想就知道是不可能的事，一樣都是人，我們今日能感應的，他們當時一樣有所感應，我們有無形師指導，他們當然也有，不然不會又那麼多神祇與廟宇流傳下來，我們可以修持本靈，他們當然也可以，本靈是有生命就有的，又不是最近的人才有，而古代的人沒有，只是他們不用本靈這個名詞罷了，用的是三魂七魄、元神、元靈、真如等等。

當大家在詮釋自己的感應與領悟時，如果想自己開宗創派，那可以不用管其他經典裡是怎麼說的，一切都可以自己創新，盡說一些前人沒說過的理論，而這些理論最好是經得起檢驗，不然早晚會沉淪在時代的洪流中，消失不見的，而這也就是依人不依法的時候了，這也是世界各地新興宗教團體如雨後春筍不斷冒出來的原因。因為很多高人都想自創理論，都認為自己是最棒的，自己的看法絕對正確，所以一定要當個開山宗主，一定要自創門派，這樣才能吸引到信徒，才能得到名利供養等等。

如果不是想自己當教主者，那最好還是乖乖的依法不依人，法的解釋是因人而異，不變的是經典，大家在網路上都找得到，當要詮釋感應、要演說理論時，最好不要離經太遠，我們可以站在前輩的肩膀上去詮釋。但是最不好的就是完全違背前人所言，這已不是大同小異的問題，而是南轅北轍的問題了，不論是不自知或是不自覺，還是有意如此等，那嚴重的問題就出來了，因為這代表不是前人的經典有誤，就是自己的論點有問題吧。

以上講的對象是有能力講解、創造理論的師兄姐。而一般的修行者要做到的就是依法不依人，不論帶頭的師兄姐怎麼解說，都要經得起考驗。當然如果他說這是自創的派門、自創的理論時，先用大腦想想合不合理，再來就是很重要的，也就是靈修中最重視的驗證，當帶頭的師兄能讓你們學習之後，跟他一樣驗證到同樣的結果時，這才能說他說的理論可行，至於正不正確還要經過其他團體和時代的考驗。其他如果他說的是佛、道的理論，那就用佛、道的經典來驗證。這樣至少在靈修的路上，不會被牽著鼻子不知道要被帶到哪裡的好。

法是可以檢驗、辯證的，與我們經驗法則息息相關，與我們能觀察到的現象有緊密的關係，我們可以觀察法，定義法，然後檢驗法，看看我們的定義是否正確，然後再修正回來，法本身不變，而會變的是我們的定義，因為要用言語去形容法本身這件事就已經很困難了，更何況還參雜了很多個人的主觀意識，只會越來越偏離法本身。

而依法不依人也是拿來檢驗大師的法則，不是所謂大師說的話就一定正確，有時候大師只是名氣很大而已，所說的言論不一定真的符合教義，曲解、悟解教義的大師，從古至今比比皆是。尤其當代的大師們，每個人著作等身，言論大都比不上祖師的論述，古代祖師要不就是沒有著作，不然就是言簡意賅，大多經過歷史的考驗，而流傳至今，這些祖師著作都尚需要檢驗，更何況是當代大師呢？

當然有時候是我們的學識、經歷尚不足以拿來檢驗他人的言論，但我們不行，還有別人行啊，一個錯誤的大師，絕不會當代人都沒有人有能力發覺，只是發覺之後願不願意明說而已，但當有人對大師的論點提出質疑時，這也是我們很好的學習時機，可以仔細分析、判斷，孰是孰非，會發覺其實所謂大師，真的只是名氣大的歷代以來就是很多，所以為什麼一再強調驗證的重要性，也是佛陀涅盤前為什麼要留下「依法不依人」的原因之一。

觀念與心態

學修之人首重正知見，而正知見來自於閱讀經典、聽聞善知識開示，或是自我領悟等等，經典是驗證自己的鏡子，如果自己學修的經驗，很可能符合楞嚴經的五十陰魔時，就應該心生警惕了，而不是先懷疑經典可能有誤，然後開始認為自己才不是像楞嚴經所寫的一樣，而自己的能力完全是來自於神佛的關懷，或是自己的能力來自於自己有不凡的來歷，然後開始膨脹自己，認定自己根本就是神佛轉世等等，這些都不是正確的觀念。

而聽聞善知識開示至少可以避免某些不正確的觀念，而這些善知識是跟我們走在同一條路上的前輩或是同修，大家都有相同經歷，而這些善知識已經順利走過這一些經歷，然後可以告訴我們這些經歷，提醒我們可能會遇到的問題，以及該如何面對這些問題，並且順利地繼續走下去。

要注意的是，各法門都有很多善知識，我們要請教的是於我們有相同經驗的善知識，因為有時候法門彼此間的不相同，會產生基本觀念的不同，這樣反而無法幫助我們成長，譬如說，假使我們現在學習的是道家的法門，而當遇到瓶頸的時候，我們跑去請教天主教的神父時，能得到我們要的答案嗎？

當然有時候我們需要觸類旁通，就像在「一切有為法」中提到的，如果這神父的境界也到達這個境界時，有沒有其他狹隘的宗教偏見，自然可以給我們正確的指引，幫助我們成長，但這畢竟是少數，除非我們修行的法門已經找不到任何善知識可以指引時，才需要向外尋找能幫助我們，解決我們疑惑的善知識們，不然當以與自己法門相關聯的善知識為優先。

自我領悟也是我們修行成長的動力，如果只是聽聞而沒有實修，一切都是空。當我們閱讀經典，或是聽聞善知識開示，除非我們刻意去排除思考，不然我們的大腦、亦是在無意間都會記憶片段觀念，而潛意識也會去思考這些內容，所以佛陀才說，對人說四句偈，或是一聲佛號，都是幫助他們種下來世學佛的慧命。

而自我領悟也是最容易出現問題的關鍵點，而這關鍵點來自於不正確的心態，尤其靈修更是如此，因為我們會有所感應、有所知覺、有些能力等等。有正確心態者，會請教善知識並且小心求證，然後戰戰兢兢地體驗自己所經歷的一切。而有自我膨脹心態的人，很容易受到心魔的引誘，開始認為自己的能力高於他人，自己的來歷高於他人，甚至於自己是神佛來轉世，自己根本就是神佛等等，這時候已經開始走上自我毀滅的路上了。

正確的觀念很容易得到，但是正確的心態就要靠自己的努力了，沒有正確的心態，再多正確的觀念還是聽不進耳。而有正確的心態者，就算沒有聽聞過、建立過正確的觀念，一樣不會出現問題。而正確的心態，則可以用「諸惡莫作、眾善奉行」來檢驗。正確的觀念可以慢慢建立，但是正確的心態卻不能有一刻鬆懈。

樂觀、積極、進取的人生態度

宇宙是一股能量，這股能量佈滿整個宇宙而無所不在，也可以說宇宙萬物都是由這股能量所形成的，這就像道德經混成章第二十五所言：「有物混成，先天地生。寂兮寥兮，獨立而不改，周行而不殆，可以為天下母。吾不知其名，字之曰道，強為之名曰大。大曰逝，逝曰遠，遠曰反。故道大、天大、地大、人亦大。域中有四大，而王居其一焉！人法地，地法天，天法道，道法自然」。

而這能量本身並沒有好壞善惡之分，而是會隨著人的心念而改變，就像是物以類聚或是吸引力法則一樣，當好的念頭出現時，該能量將會產生有益於我們影響，而當不好的念頭出現時，相對地該能量就會產生對我們不好的影響。

雖然我們說這能量沒有善惡好壞之分，但古人先賢都為我們說過關於這能量好的部分。就像孟子曰：「吾善養吾浩然之氣。」而什麼是浩然之氣呢？這點也可以參考文天祥的正氣歌：「天地有正氣，雜然賦流形。下則為河嶽，上則為日星。於人曰浩然，沛乎塞蒼冥。皇路當清夷，含和吐明庭。時窮節乃見，一一垂丹青。」當然這文章不是要大家把自己的名字「一一垂丹青」。

就這股能量而言，當一個靈修者，表現在外的言行舉止都是樂觀、積極、進取的正面態度時，這股能量也會幫助我們心靈的淨化與成長，而這改變也會繼續使我們的言行舉止更加正面，直到所有負面的言行舉止，甚至於想法、念頭都不存在為止。這些樂觀、積極、進取的態度與這股能量會相輔相成，幫助我們成長，這才是我們想要的。

但是當一個靈修者的言行舉止不時會出現負面的情緒表達，而與其共修的靈修者之間也是如此時，把負面的言行舉止表露在外，這股能量也會影響大家，使得這股負面的情緒慢慢地成長、茁壯，然後大家的言行舉止中，正面的言語越來越少出現，負面的能量慢慢佔領我們的心念，開始人生觀會越來越悲觀、消極，甚至於暴戾之氣也開始產生了，會不知不覺中，常常脫口而出，修行怎麼那麼苦啊，人生怎麼那麼多磨難等等。甚至於更不好的舉止會出現，這些都是靈修者該自我警惕與避免的。

儘管內心的世界只有自己知道，但在有意無意間，也會表現在我們外在的言行舉止上，也是很好自我判別的方法之一，時時自我警覺，是越來越平靜，還是越來越暴戾，是不是想法越來越正面、積極呢？還是越來越悲觀呢？

這也可以從我們日常生活中看得出來，一個人是不是過得很愉快，還是可以從我們的面貌看出一點端倪，看起來是慈眉善目呢？還是愁眉苦臉呢？是騙不了人的。

大道永遠跟我們在一起，始終不曾放棄過任何一個人，而每個人能得到大道的幫助都一樣，重點在於大家願不願意去得到大道的幫助，而樂觀、積極、進取的人生態度是我們可以更接近大道的方法之一，也是我們可以在日常生活中就可以自我修煉的。

而很多靈修者都會有個疑惑的時期，尤其是初期的靈修者更是如此，這時樂觀、積極、進取的生活態度就是很重要的法門，而這法門不只是對於初學者，也是所有靈修者該有的人生態度，也是自我檢驗的法則。

修行的目地就在於如何離苦得樂。雖然修行的法門千萬種，但應該都是越修越快樂，而不是越修越痛苦才是。而痛苦的感覺完全來自於自己的意識當中，事實上所有感覺都是如此，所有的喜、怒、哀、樂都是可以控制、轉化的。

而且每個人對於苦的感受都不一樣，同樣一件事發生在不同人的身上，有些人會覺得很快樂，有些人卻會覺得很苦，所以這些苦、樂都不是絕對的事實存在，而是虛幻的感受。而樂觀、積極、進取的人生態度簡單說就是「笑笑看人生」，每天保持樂觀的心念，人生與修行的路自然也會走得很順遂。

靈修者、通靈者與神通

先談談通靈好了，大家對於通靈一般的印象就是，有知道他人未來會發生事物的能力，也可以說是預知或者是預言，這也是一般坊間判斷通靈者能力的標準之一，也就是大家應該都有聽人說過一句話：「某某通靈人真的很準」。

一般人能夠判斷一位通靈者是不是很準，那就是通靈者說一般人過去已經發生過的事情都很準確，這樣一般人才能說這位通靈者真是準。

順著這個邏輯繼續推論下去，所以這個很準的通靈者，預言未來會發生的事情應該也是很準才是，所以這個通靈者的話是可信的、可以遵循的，俗語說「千金難買早知道」。所以花大錢買這些很準的預言也是值得的，但事實上卻是如此嗎？

通常一位通靈者所得到的這些很準的訊息，都會有個來源，不然就不能稱呼為通靈者了，不是嗎？而這來源幾乎常跟在通靈者身邊告訴他這些很準的訊息，這來源也就是通靈者自己宣稱他通靈的對象是什麼，坊間的通靈者大多是如此。

所謂「三分天註定，七分靠努力」，事在人為，這些大家認為很準的預言，未來就一定會發生而沒辦法改變嗎？

了凡四訓告訴大家一個重要的觀念，那就是未來是可以改變的。但是當我們可以改變這些通靈人所告訴我們的未來時，會不會有人反推回去而認為這些通靈人說的都不準呢？很多人就是用這當理由來否定通靈者所說的一切，他們似乎覺得當個通靈者，必需要鐵口直斷，料事如神才是，不然都是騙人的。

而關於靈修者，一般人也常常搞混而說他們是通靈，從外在的表現來分別，二者是很相似沒錯，但其內涵有很大的差異存在，而這些差異要完全寫出來，大家可能也沒興趣看了，所以只挑其中幾樣，我們這裡想討論的來進行探討即可。

通常在靈修的過程中會有一定的感應能力，也可以接受到外靈的訊息，但這外靈並不像通靈者是單一固定的來源，換句話說就是靈修者的感應是多元的，範圍比較廣，也比較多元。

靈修者與通靈者的差別在於，通靈者幾乎身旁都會有一位他所通的對象，而

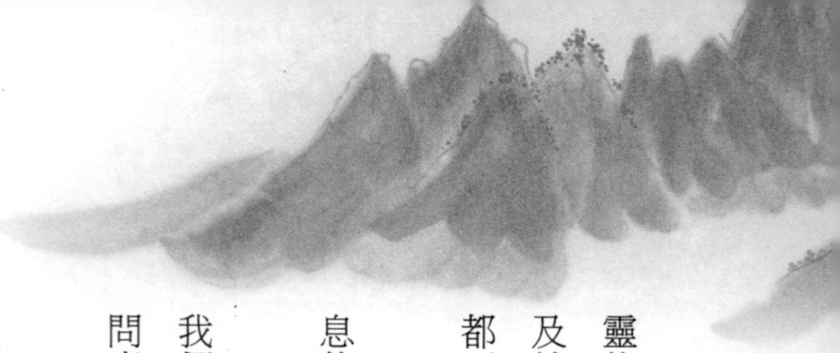

靈修者的感應，則是在必要的時候，神明或是其他無形的外靈才會讓他們感應以及給予訊息，不然靈修者如果常常覺得身旁跟著神明或是無形的，那可能什麼事都不用做了，尤其是一些隱私的動作，會讓人覺得很尷尬。

靈修者功力高者，可以與很多神明或是外靈溝通的能力，通靈者則是有個訊息的來源，少數通靈者也可以跟其他神明溝通，但畢竟少數。

通靈者的能力大多侷限在訊息的來源，而缺乏主動解決問題的方法，這也是我們常聽到很準的通靈者，很少聽到很行的通靈者。也就是一般人常會找通靈者問事情，想要知道自己的未來財富、工作、家庭等等。

靈修者在與跟神明溝通的過程中，除非神明認為有必要，不然是很少會做這些類似預言的事，而是著重在於當事人的問題，以及解決的方法上面。這也是通靈者比較缺少的部分，但是一般人對這些問題，除非是發生在自己身上，不然都沒有興趣知道這些問題點，而是喜歡看通靈者測試準不準，如果覺得很準，就可以順便問看看自己的未來會怎樣。

這也是為什麼我們會說我們是靈修法門，而當其他人問我們說會不會通靈時，我們都是說我們不會通靈的原因，因為我們沒有固定的訊息來源對象，而神明又不會給我們可以讓一般人覺得很準的訊息，只會讓我們知道一般人可能會發生什麼問題？以及問題點在哪裡？有沒有可以幫助他們的方法等。

一般人如果不是對於我們有很大的信心，而是要先看我們是不是很準再說，一定會大失所望，因為那不是我們可以給予的東西，卻是一般通靈者最常給予一般人的訊息。這也是靈修者與通靈者最大的差異所在。事實上，靈修者對於當事者的問題了解上，是很精準的，他們可以知道當事者發生什麼問題了，以及這問題是怎麼產生的，又該如何解決，這些其實是很精準的，不然如何處理事情。但是這個精準卻常常不是一般人想要的。很少人可以坦然地面對自己的問題，包含很多靈修者也是如此。

至於神通，因為是佛陀所言，也很明確的記載在經文之中，一般人也常誤解說，這些通靈者的能力也是神通的一種，尤其很多通靈者最常見的功能就是查看當事人的前世今生，坊間很多探討的書之中都有舉了很多的案例來證明，前世發生的事情是如何影響我們現在的人生等。

靈修者會比較少看前世今生，除非有必要，不然看前世今生只會帶來當事者的困擾，因為所說的事，當事者都是不能確認的，只能從準不準或是信不信任靈修者來判斷，更何況有很多不肖的人用來為非作歹。

很多人會認為這能力就是神通就是宿命通，但就我們的認定，除非是少數修為很高的修行者是真的有這些神通。一般的通靈者與初期的靈修者，這些前世今生的訊息都是其他外靈給的，與自己的修為無關，也與真正的神通無關。

真正的神通是修行的副產品，是真正屬於自己的，但通靈與初期的靈修者都不是真正的神通。

通靈者當其訊息來源沒有給予任何訊息時，只是普通人而已，所以常聽到通靈者說，這些事情幫不上忙，或是預言不準等。

而靈修者則多了一項能與神明溝通協調的能力，也就是可以請求神明慈悲為懷、網開一面，當事人都有心懺悔求助了，希望神明都幫忙開條活路。所以對於靈修者而言，只要找上門的當事者有心想懺悔補償，並在神明願意做主協調之下，沒有什麼事情是不能解決的，除非當事者真的連神明要幫忙拉一把時，連手都不願意伸出來，那神明也愛莫能助。

這也是靈修者需要會靈、認主的原因。至少處事的時候，有神明在後面當靠山，幫忙處理無形的事，而靈修者本身也比較有保護，減少受到無形干擾的機會。

靈修、通靈、神通是三項很類似的概念，靈修者需要仔細詳辨之，至少可以避免在一些基本的觀念中自我混淆。

術業有專攻

傳統的五術（山、醫、命、卜、相），是一套以「人」為中心的學術理論發展，其目的在於瞭解自然的運行，並且互相配合演練出一套趨吉避凶的法門，這些是前輩長時間觀察統計自然界的萬物演化，加以統計、記錄、詮釋、傳授而形成的理論。當一套學術理論能流傳千年，且能夠傳授、學習、演化並驗證，這就是科學。

先談談五術中，大家普遍能接受的「醫」，中醫有中醫的理論，從神農氏嚐百草開始，《皇帝內經》，醫聖張仲景的《傷寒雜病論》，扁鵲、孫思邈，還有李時珍的《本草綱目》，都是前輩的智慧結晶。

西醫更不用說了，要先可以考上醫學院，能從醫學院畢業，經過實習，通過國家考試才能成為醫生。我們大家都接受過國家教育，只要能考上醫學院，就有當醫生的希望，所以對於取得國家考試具有執照的醫生，大家是非常信任與尊重的。

然而在這一大群醫生中，也可以分成很多等級，一般都是良醫，只有極少數能成為名醫，當然也會有一些庸醫，還有一些不是經由國家考試而自稱是醫生者，我們大多稱呼這些人為密醫。

密醫雖然也掛個醫字，當跟醫生完全無關，而一般人在這位密醫還沒被踢爆以前，會去找他看診的人，一定也是認為他是位有執照的醫生，說不定牆上還有偽造的執照呢？也一定有人讓這些密醫給醫好了，不然不需要被踢爆，早就沒有人會去找他看病了。

當密醫被媒體踢爆之後，好像也沒有人會跳出來大聲說：「我就是被這些密醫所騙，所以這些醫生都是騙子、都是密醫。」因為大家會有自知之明，是因為自己沒有用智慧去判斷，才會被密醫所騙，跟正派的醫生完全無關。

那當我們把以上的內容換成，五術中的其他字都成立，「山、醫、命、卜、相」都有少數人學有專精，所以才會有半仙、真人、神相等跟名醫同等級的稱號，而一般人所遇到的大都只是學過這些理論的相關從業人員。

當然也有跟密醫一樣的神棍，但奇怪的是，被這些神棍所騙的人，都喜歡大聲說：「我就是被這些學過五術的人所騙，所以這些學五術的人大都是神棍」。

就像生病該找醫生一樣，罹患重疾絕症時會想要找極為少數的名醫醫治，好像很少有人沒病卻喜歡到醫院找醫生聊天的。

然而五術是提供趨吉避凶的法門給需要的人，但卻有很多人沒事喜歡找這些學五術的人聊天，不是只要求趨吉避凶而已，而是想要的更多，要財富、要事業、要婚姻，這些五術中根本不存在的法門，這就好像一個人想要蓋房子，不去找建築師幫忙，反而跑找醫生來幫忙蓋房子一樣無厘頭。

偏偏很多人都認定這些財富、婚姻等，都是五術該提供的，不然五術還有什麼存在的意義，這就好像去找醫生蓋房子時，在醫生回答說他不會蓋房子後，卻到處喧嚷醫生怎可以不會蓋房子一樣。

密醫存在的原因也是如此，因為還是有很多病症是現在的醫療體系沒辦法提供幫忙，所以有人開始想從民間療法中尋找有效的療程來治療這些現在醫學無法治癒的病症。也因為有利可圖，所以密醫自然會開始產生，一切都是利字在作怪。不然在古時候沒有執照制度的時候，所有從醫者都是醫生，只有醫術高低之差，不會有密醫這稱號。

而其他五術也是如此，當有人要的更多時，自然就有利益產生，自然就有人想要來提供這些服務並收取費用。而自己自願找這些人來提供本來五術所沒有的服務，而這些人大多沒有能力可以達到他們想要的結果。而這些受騙者，不會說是自己沒有用智慧去判斷而受騙，不會說是被這些人所矇騙，反而指責說五術都是騙人的。

而將以上內容把五術換成通靈一樣成立，通靈會在社會形成一股風氣，自然也是有其理論與傳承，當然有其能力的侷限。有很厲害的通靈者，也有很兩光的通靈者，當然也有假扮的通靈者，一般人沒事不會去找通靈者幫忙，但就是有很多人要通靈者提供通靈所不存在的能力而受騙後，同樣的不會說自己沒有用智慧去判斷而受騙，而是大聲疾呼說通靈都是神棍，都是騙人的。

人言為信，信有正信也有迷信，差別在於智慧的判斷，而不是自己不用智慧、不用常識去做判斷，然後自己因索求無度而受騙，不去反省自己怎麼那麼沒有智慧，反而卻指責無關的人、事、物。

術業有專攻，五術如此，通靈也是如此，都是提供趨吉避凶的法門給需要的人，當然還是有人並不需要這些法門提供服務，但並不代表其他人也都不需要這些服務，就像很多人都希望可以不要生病，不然還要去看醫生，卻也不代表別人就不會生病需要醫生的幫忙，如果大家都不會生病，自然不會有中、西醫的存在與傳承，而通靈也是如此，指提供趨吉避凶的法門給需要的人，會有這個法門傳承下來，只表示就是有人需要這些幫助。

每一項技能，都有其專業與侷限，我們是在能力範圍內提供服務，而非萬事通有能力可以提供無限的服務給所有需要的人，我們有其專業能力，但非其專業能力範圍內，我們其實跟外行人沒有什麼兩樣。

更何況靈修本來就不是樣樣通的法門，我們也不需要什麼都知道，倒是可以認識很多能力不盡相同的靈修者，當遇到別人有此需求時，我們至少可以轉介給其他靈修者處理，而非自己認為自己就該什麼都會，自己不會的，別人也一定不會，畢竟術業有專攻，天下法門何其多，不是我們個人可以通曉的。大家共勉之！

問盲於道

聞道有先後，術業有專攻。

社會上存在著各行各業的專業人士，有人精通多項領域，有人精通一、二項，也有很多人一項專長也沒有。但是全知的全才卻是現實生活中不可能存在。

就像人生的導師，可以指導我們很多生活的智慧，但卻不一定可以教我們開飛機，或是解決科學上的難題。各宗教裡的祖師爺可以解答我們對於該宗教的疑惑，而卻不一定能回答其它宗教的問題。這是必然的。

隨著網路的發明，在網路的好處是，每個人都可以暢所欲言，而沒有身分上的顧慮，除非在文章中有署名這是誰寫的，別人才有可能會先入為主認為是誰寫的就是好或是不好，不然網路上的文章內容就代表著一切，不會因為作者而有加、減分的作用。當然也會有人因為精湛的言論，贏得眾人的尊重，自然會對於該作者的文章有加分的作用。

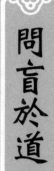

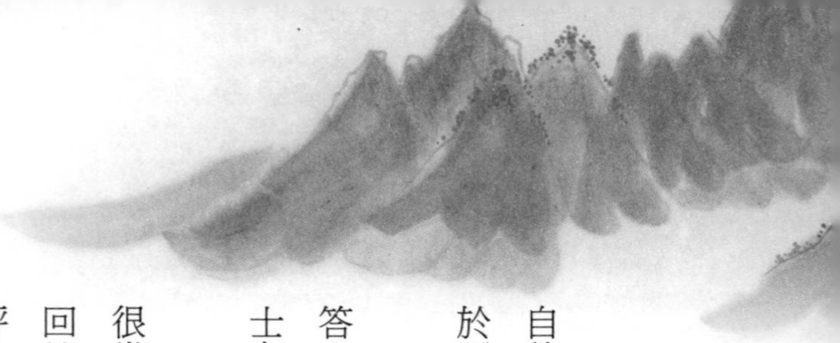

也就是說在網路上的文章反而比較有機會得到更平實的評價，只要寫的好，自然會有人知道。而不會因為文章的作者是默默無聞的無名小卒，而被忽略甚至於不屑一顧。

網路上除了很多人會發表文章外，也有很多人會在網路上發問並且尋求解答，譬如說像是「奇摩的知識＋」就是如此，在那裡可以看到很多熱心的專業人士在幫忙回答網友的問題，而其他網友也可以幫忙選擇自己認為最佳的解答。

但在這裡面有個很有趣的現象，有一種人可以稱為「宗教熱心者」，他們也很常回答別人的疑惑，但大多不是就問題本身來回答，而是用他所修行的法門來回答這問題，如果是正面的觸類旁通那也很好，但可以看到的大多是負面的批評，好像發問者在問一個很笨、很無聊的問題似的。

所以大家會常看到，很多佛偈在網路上流傳，這也是因為佛理說的太好了，也很方便引用，所以當有人在問有關於道教的問題，或是民間習俗時，都可以看到來自於佛教徒的建言，甚至於還是很嚴厲的評論。

像是有人問在靜坐時有看到什麼景象，就會有好事的佛教徒跳出來回答說，

「凡所有相皆是虛妄」、「要如如不動」、「不要執著」、「要放下」等等。一點機會也不留給其他有相關經驗，或是其他法門來解說。一切以佛教為尊。

而這算是不請自來的問盲於道，因為他們沒有相關的回應，卻又喜歡用自己的認知來否定別人的問題。而在網路上是普遍存在這種問盲於道的行為。這句話指的不是發問的人，而是那些用自己偏見來回應別人疑問的人，明明自己對於相關的問題不知道，偏偏又喜歡告訴別人該怎麼辦。

而「問盲於道」另一方面要說的是，很多靈修者，受別人諮詢解惑者，也該捫心自問，自己有沒有這行為，因為靈修者都該知道自己的能力有限，並不是任何事情都有能力解決，但上門諮詢者並不是這樣認為，當他們把希望寄託在你們身上時，你就是萬能的天神，是他們的救星，也就是說他們會把很高的期望寄託在你們身上，這時候要坦言自己能力有限是很困難的。也就是說，眾多靈修者有沒有在有意無意間，把明明是自己不會的能力，不曉得的技能，卻也說的很像一回事呢？這在其他明眼人的眼裡，就是問盲於道的行為，指的不是發問者，而是回答者。

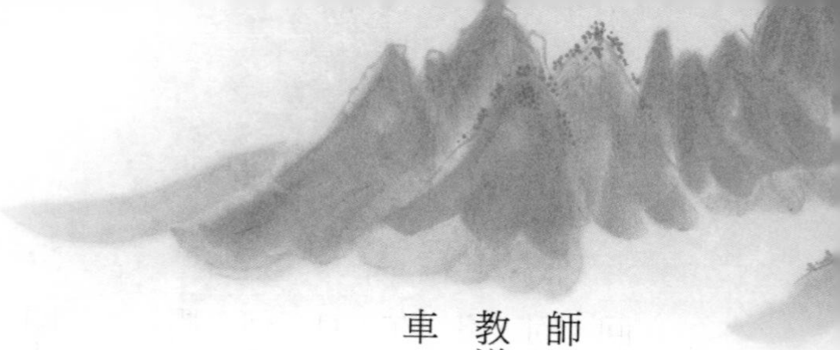

而這種以盲引盲的行為，是我們修道人的大忌，尤其是正在帶領傳授眾人的師兄姐，是不是有正確的知見，是不是所傳授的法門都經得起驗證，是不是可以教導他們有一樣的功力，更重要的是，能不能經得起別人的檢驗。總不能閉門造車，自己玩得很高興，卻走不出家門一步吧。

五術與靈修

《道德經》：「人法地，地法天，天法道，道法自然。」

傳統五術也可以說是前輩向大自然學習之成果，自然不外乎日、月、星辰、山、川、湖、海，花草樹木等等。所以有人在地上立個東西名為土圭，以測日影，在觀察一段時間後，根據影子長短，先確定了2日，也就是冬至、夏至，慢慢地，春分、秋分也出來了，也確認一年有365.24日，所以才會有潤的出現，而一年只確定4天，好像太少了，所以又把一年均分成24節氣，這也是大家熟悉的陽曆。另外再觀察月亮的圓缺朔望，制訂了陰曆，因此我們的曆書大多是陰陽合曆，並且由歷代類似欽天監的官職人員所制定的，中國天學可分為天文、曆學二家，天文家觀測恆星流慧之隱見，並且提出占驗的看法，也就是天有異像時，必須提出預言解釋。曆學家則是推算日月五星的行度，重點在於測量、計算日、月、星辰的運行。而這些都比當時其他國家先進數百年之譜，以上所談是屬於科學的部分。

在歷史的演化下，古人把這些關於大自然觀察的心得概分成五類，也就是大家熟知的五術，而五術有個共同的特性，那就是都有標準化的規格。也就是說，在五術的發展過程中，眾多前輩整理出一些標準出來，要先有標準才能傳承，才能寫出書籍，也才有祕笈的存在，如果沒有一個標準，永遠都是老師說的算，那不出三代，一定失傳。

術本身就帶有驗算的意味，要演算就要有工具，有工具之後還有公式，就跟算術一樣，應該是任何人在正確的使用下，都可以得到一樣的答案才是，所以才有算命的名詞，五術大部分都有這特性，有公式、工具，可以演算。而靈修則無。

大家可能會認為，五術的學派眾說紛紜，五術中的每一項都可以再細分成數十個派別，怎麼說會有個標準化的規格呢？

這裡說的標準化指的是，把這些對於大自然的觀察，整理歸納成一套標準，並且可以傳承，繼續研究觀察，如果沒有一套標準的話，那這些動作都無法延續，儘管門派眾多，但每一門派一定有一套屬於自己的祕笈與竅門。

也正因為這些標準化的動作，才使得五術至今可以蓬勃發展的原因之一，不會因人而廢。

相對地靈修則否，沒有密本，沒有訣竅，沒有標準，連發展門派都有所困難，偏偏靈修團體又是最常見的，但在沒有標準化的程序下，這些靈修團體的中心思想就很難建立與傳承，也會隨著人、事的演變，而隨時改變，變成像浮萍一樣，沒有根，漂浮不定。

這會演變成，靈修團體的能力沒有限制，自由發揮，但也少了份約束的力量在，並且常常跨越到其他五術的領域去了，如果這些行為與長久傳承的五術相輔相成，那也不錯，可惜的是，常常可見靈修自成一派，並且所使用的方式常與傳統五術相牴觸。其中又以風水問題最常見，在五術傳統的風水觀念中，不能觸犯的禁忌，在坊間常可以看到觸犯這些禁忌者，很多本身就是在靈修，或者是聽從靈修者的意見所為，其結果可想而知，至少就我看過的例子，都是靈修派佔下風。

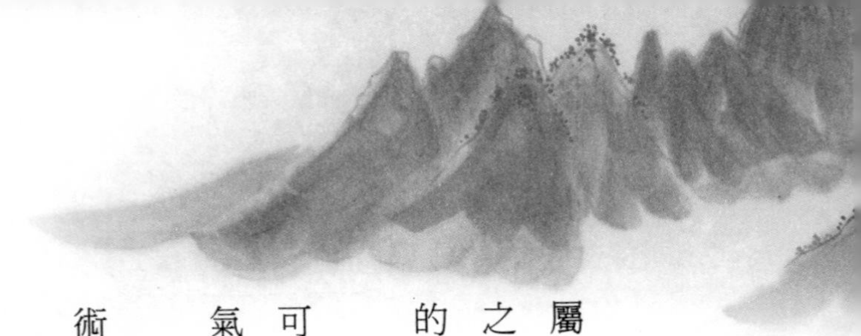

事實上，靈修在這一方面，雖然起步甚晚，但如果有心，還是可以慢慢建立屬於自己的標準化，至少在坊間的書局，關於東方靈修的書籍，慢慢地佔有一席之地了，假以時日，應該會有一些基本的概念可以建立出來，這樣的話，接下來的路，應該會走得很順吧，這是個人的期望。

當然靈修不離自然，靈修不只是關注於無形的靈界，很多自然現象都是靈修可以學習、觀察的，譬如說，為什麼會有磁場的好壞之分，為什麼會有怨煞之氣，為什麼會有祥瑞之兆等等，靈修可不只有靈而已。

靈修者對於五術有兩種完全不同的看法，一種是相輔相成，靈修者在學習五術會比一般人快一點，因為感受不同，使用五術更犀利。

另一種則是完全不接觸五術，他們認為，靈修最殊勝了，完全凌駕在五術之上，五術能達到的功能，靈修都可以也更直接，所以他們靈修也可以看風水，也可以靈療，自然也可以修行了。

既然五術是由大自然觀察所得，而靈修也不離自然，又怎麼可能靈修者會與五術不相干呢？靈修者之所以不想學習五術的原因，可能是覺得不需要花時間去學習用不太到的技能，只要靈修的訊息很準就可以了。

但在沒有靈修的年代，五術能流傳千年自有其道理，其中的天理運行，不是我們用靈修就可以涵蓋過去的，所以我們會建議靈修者，如果需要服務人群，需要辦事者，對於五術多少涉獵一點，會比較好，至少不會與傳統文化脫節，而讓一般人對於靈修有不好的誤解。

敬天地，禮神明

在我們傳統的固有文化下，很多習俗都帶有濃厚教導意味在，這些表現在日常生活中，最常見的就是「通書」，或是簡潔版的「農民曆」，在台灣早期農民曆是免費贈送，而且是家家戶戶必備的，當然由現在的眼光來看，裡面很多內容都不符合科學的標準，但是這部分就是這裡要談論，關於禮節目的而存在的習俗。

「通書」或是「農民曆」的每日宜忌中，有很多都是與神明有關的活動，如祭祀、祈福、開光、安香等。在早期三合院的住宅，首先最重要也是最大的房間，一定是神明廳，裡面會有神桌、祖先牌位等等，更講究的除了香爐外，還會有個掛在半空的「天公爐」。而這些有很大的部分是前輩流傳下來的禮節。

在古人的傳統觀念下，天地之下，天最大，所以每天早晚都要拜拜，拜拜時首要先拜天，天高高在上，所以天公爐也要有個象徵意義，所以天公爐要掛在公廳的中央半空中，象徵對天朝拜，以示尊敬。再來就是神明，萬物皆有神，這是在教導我們對於萬物的尊重與珍惜，所以門有門神，灶有灶神，床有床神，石磨、倉庫等等都是，所以平時都是不能亂動的，要移動、使用、改造都是需要看時辰以及上香拜拜稟告，經過神明許可才可以，當這活動落實在日常生活中，並且大家都嚴格遵守，互相監督時，已經達到教化人民的目的。所以拜完天之後，就是要拜神明。早晚三炷香，闔家平安。而且早期的三合院在建築時，是十分講究科學的，前面有一扇門、二個窗，而後面也有二個窗，而後面的窗比前面較為窄且位置較高，幫助空氣流通，以便排出香煙，而其餘飄在上面的香煙，則有早期木頭的樑柱預防白蟻的功能，一舉數得。

拜完天、神明之後，就是祖先牌位了，有天才有地，有地才有人，而我們都是祖先所生所養的，當然要禮拜祖先，有他們才有我們，在拜祖先的動作下，無形中也教導我們慎終追遠、飲水思源，對於我們目前所有的一切，都要心存感激，感謝天、感謝地、感謝萬物、感謝祖先。這些在早期教育不普及，大部分人民都是不識字的文盲時，敬天地、禮神明是最好的禮節教育。

而各地方的習俗也大不同，閩南地方大多數是神明居中大位，而祖宗牌位在旁，而客家人則大多數是祖宗牌位在中，而神明在旁，所以常有人開玩笑說，閩南人比較好客，外來的神明都是坐大位，而客家人則是主人本來就該坐大位，而外來的神明則是坐在客座。這是習俗，並沒有對錯或是風水上的問題，所以常常會看到，只學一半的風水師，或事實際經驗不夠者，常會說人家客家人擺錯了，所以才會風水出問題，但問題是整個客家村落都是這樣擺，那是不是整個村落的風水都出現問題了呢？而且像是金門也是如此，祖宗牌位居中。

在傳統五術中，很多內容都是帶有這些意義而存在，並不一定真的帶有神祕的能量在，尤其在教育普及後，很多人會開始產生疑問，神明真的存在嗎？祖先牌位真的有祖先的靈魂在嗎？慢慢地，開始神位不見了，祖先牌位也不見了，連住家中的神明廳也不存在了，連帶地這些無形的禮節教育的意義不見了。

當然神明存不存在不是這裡討論的重點。而是當我們在質疑古人千年傳承的智慧時，應該多想想這些儀式，是不是有隱含一些古人教導我們的目的，是不是古人把教育落實在日常生活之中，而不只是課堂上知識的傳授而已。當我們從小時候每天早晚都教導我們一次，天地之下，天最大，神明、祖先也很重要，所以早晚都要禮拜一次，自然而然地，每天頭都要低下一次，在日常生活與他人應對之中，頭自然也就低的下去，這時候禮儀之邦就開始產生了。為人處事才會謙恭有禮，而不是人最大，自己最大。

心誠則靈

心誠則靈，心不誠則不靈，心誠來自於一個「信」字，信者，信賴、信任與信心，代表著我們對於神恩浩蕩的相信，對於神明的信任，而且有信心神明有能力幫助我們，救苦救難，大慈大悲，保佑我們闔家平安。所以我們會向註生娘娘求子嗣，向土地公、文、武財神等求財富等等。如果我們不相信神明有神力能幫助我們，自然也就不會求神拜佛，更不用說靈不靈驗了。

對於個人的修行而言，「信」也是重要的日常行事準則，三綱五常中，信雖居於末位，但「信」卻是貫五常、五倫。

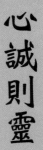

人無信則不立，這時候「信」代表這信守諾言，心口合一，言行相顧，不論是對長輩、平輩或是晚輩都該是如此。

當我們常常承諾我們做不到的事情時，起初我們會找藉口、理由，而對方基於對我們的信任，可能會採信，但是一次、二次，次數越來越多時，信任慢慢地瓦解了，這時候再來說任何理由都沒用了。當事者對於我們這個人也會開始產生很大的問號。

口是心非，言從行背，反覆無常，表裡不一，這樣的人，仗託難靠，不是可信賴之友，人無信則知其不可耶。

人與人相處，首重「誠」字，而人與神明更是如此，當我們請求神明大慈大悲、救苦救難時，是否可曾想過，神明對於這些請託之事，相對的也有要我們履行的責任呢？譬如說，當我們向文昌帝君祈求學業進步時，說不定，文昌君要求我們每天早起一個小時讀書，學業自然進步。

一般人在求神拜佛時，大多只講前半段，而不太在意我們該履行的責任時，通常所求之事，會打很大的折扣。但是一般人不能接受到神明的訊息，所以產生變通的方式，心誠則靈，舉頭三尺有神明，多行善事，神明自然保佑，這也是為什麼虔誠的人，大多也是積善之家必有餘蔭。

而當我們有能力與神明溝通時，又是怎樣的運作模式呢？一樣求神拜佛，只是表現的方式不同，一般人的拿香請求，擲爻請示，而靈修者則是用靈語稟奏，

寫靈文請示，但相同的都是，大多沒有想到自己對於所請託之事，也有該履行的義務，也就是說，很少會主動向神明請示，是否有交付該做的功課，以及該履行的事務。

譬如說，會靈時，很多人會請求母娘賜予無形寶物，保護家宅，保護靈體等等，相對的，很少自問，我們是不是夠格得到這些無形寶物，我們是不是能完全正確的使用這些寶物，我們是不是也該做些功課、精進，才有資格向母娘請求這些寶物呢？心誠則靈，是來自於雙方面的，當然母娘慈悲，有求必應，但自問我們是不是對得起母娘的疼愛呢？我們對於母娘是不是也做到「誠」字呢？

直覺、巧合與訊息

在我們靈修過程中，還有個現象一直在發生，大部分靈修者有注意到這現象，也善巧方便地利用這現象來幫助自己成長，或用來幫助他人。而這現象也因為太平常了，很多靈修者會習以為常而不當一回事，反而錯過了很多成長的機會與訊息，這是蠻可惜的。

而這現象我們可以稱做為直覺、巧合或是訊息等等，指的都是同一現象的不同稱呼。在靈修過程中，有時候我們會靈光一閃，出現一些以前從來沒有過的想法或念頭，或是在遇到瓶頸無法突破時，卻在很無意間就得到解答，或是在書局隨手翻一本書時看到的，或是走在路上聽到廣播，或是無意間聽到別人的對話，或是無意間隨手打開電視，隨手轉台時看到的訊息等等。

但是這些現象對於靈修者而言，卻是必然的現象，而不是單純的巧合而已，我們相信這些訊息都是我們的本靈或是其他高靈所帶給我們的訊息。或許大家有

個疑問，為什麼要這麼麻煩呢？直接告訴我們答案不就好了嗎？這必須分成兩部分來說明。

一般有辦事經驗的靈修者，應該感受特別強烈，不論是本靈還是其他高靈，在辦事時來的訊息，來的是直接、正確、簡潔的，這也是辦事時的依據，也是別人覺得辦事者很準的地方。所以對於辦事的訊息而言，我們的本靈或是其他高靈給的是十分正確的。

但對於修行而言，為了幫助我們成長，或是不妨礙我們成長，我們的本靈或是外靈，會希望是我們自己去探尋、追尋而得到答案，而不是一有疑問就可以馬上得到答案，這樣反而會造成我們萬事都依賴我們的本靈或是其他高靈。

回到一開始所提到的，為什麼很多靈修者會知道這些巧合都是本靈或是其他高靈所安排的，大部分的靈修者都選擇放過這些訊息的差別，就在於，自己有沒有認知到我們的外靈或是其他高靈會安排這些巧合來幫助我們，以及我們靈修者本身有沒有認知到這一點，並相對應地做到自己該做的努力，而不是萬事都期待並依賴本靈或是其他外靈直接給予我們訊息。

這或許也可以解釋其他人常有的疑問，為什麼我們的高靈都不直接告訴我們答案，為什麼我們的高靈不告訴我們宇宙的實相等等，一般是人常想了解的世間智，就像是有沒有外星人啊，有沒有天堂、地獄，宇宙的起源，能不能時光旅行等等。不論是修行還是這些世間智，我們的本靈或是其他高靈會希望是我們自己努力得來的成果，包含科學的成就也是如此，當然高靈或幫助我們，但是是用祂們的方式，也就是用靈光乍現、夢境、巧合等等。

夢境

在「直覺、巧合與訊息」裡有提到靈修會接收到訊息，現在則來談談我們很常接收到訊息的途徑，那就是「夢境」。

正所謂日有所思，夜有所夢，晚上睡覺，尤其是進入熟睡區時，是我們一天之中難得的放鬆時刻，我們日常生活，瑣事繁多，心裡難得一刻清閒，老是想東想西的，而之前提過，靈修要接受到訊息，必需要心裡保持清靜方得，這也是靈修的過程中很重要的步驟，保持心平氣和，氣定神閒，而睡覺是最方便、簡單的方法，但我們總不能每天無時無刻都在睡覺吧。

我們在靈修時，特別是在啟靈、會靈之後，當上面有訊息要交代給我們之時，而我們卻又因為心裡不夠平靜或是渾沌而接收不到時，那夢境就是最好的途徑了。

而在東、西方都有人在研究夢境，東方前人的「周公解夢」、西方佛洛伊德的「夢的解析」等等，這些著作著重於潛意識，心理層面，或是預知能力，另一形態的表徵，或是坊間有一部分人很盛行的猜明牌等等。這些都不是靈修特有的夢境。

靈修的夢境，主要還是在於訊息的接受，法門的傳授，靈魂出竅之行為等等。但很多時候還是那句老話，日有所思，夜有所夢，不是靈修就不會自己做夢，就不是在夢裡胡思亂想，很多時候我們的夢都是自己的心念所造成的，真正屬於上面的訊息少之又少，而這些差異性是我們要分清楚的。

靈修者最好有寫筆記的習慣，不論是靈文、訊息，還是夢境，一律記下來，等待日後印證，時間一久會發現很多所謂上面的訊息都是自己想的，根本不會應驗，而少數其中會應驗的，就是我們該注意的地方，這也是靈修的功課，慢慢地我們會發現，我們漸漸能分辨出哪些夢境是我們自己亂想的，哪些又是真正的訊息，等到可以清楚分辨時，恭喜大家又更上一層樓了。

而上面給我們的「夢境」是真正屬於我們個人的訊息或是法門，也可以說是專門給我們個人的，也是屬於我們的功課，我們當有義務與能力去解讀才是，在靈修初期，我也很喜歡拿這些夢境到處去請教師兄姐，會發現這些解讀有很大的不同，不是南轅北轍，就是根本牛頭不對馬臉，不是這些師兄姐的功力不好，而是這夢境是上面給我們的，而不是給他們的，除非這些師兄姐也有過相同的夢境，不然就是他們有能力去找到給我們訊息的「上面」問清楚，不然這些師兄姐也是用自己的思維來解讀我們的夢境。

「周公解夢」也是前人一條一條慢慢記載傳承下來的。「夢的解析」則是佛洛伊德的想法、理論、驗證的成果。所以建議當大家有真正視訊息的「夢境」，無法自己解讀時，不用到處請教師兄姐，先把這些夢境詳細地記載下來，能寫多少算多少，然後再加上自己的看法與解讀，也是越詳盡越好，等待日後驗證，而這也是科學的步驟，靈修該有的態度，實證之。

安神位

在早期三合院的年代，中間大廳一定是神明廳，裡面會供奉神主牌位、神明的畫像、神尊等等，對於祖先與神明都是用最大、最好的，代表我們對於祖先的感念、飲水思源，還有就是對於神明的尊敬。

然而時代的進步，當房子變立體之後，還是有些事情永恆不變，如果是三代同堂的透天厝，通常是長輩在一樓，父母在二樓，兒子在三樓，輩分越大的在越樓下，輩分越小的在越樓上。至少我沒見過透天厝，因為樓上視野好，而讓長輩住在樓上的，當然家裡有電梯的除外。

而一般比較市郊的新市鎮，大多是土地「住三」，其建蔽率為50％，容積率則是240％，所以最佳的利用效率就是大家常見的三樓半的透天厝，而建商也都很聰明，知道頂樓又熱，使用率又低，所以在推銷房子的時候，大都會問客人有沒有要安神位，如果有，頂樓那間當神明廳、佛堂是最好的選擇，因為視野最好。

但是一般「住三」的土地，都是一大片的，也就是說，如果要買透天厝，那附近一眼望過去，大多也是三樓半的透天厝。所以從頂樓望過去，有很大的機率都是別人的屋角、水塔、風縫、佛堂、神明廳等等，大多是屬於煞氣的部分，真正要視野好的機率是很少的，除非你買的那間透天厝，樓層都特地挑高，所以都比附近的透天厝要來的高。因此把透天厝的頂樓當成神明廳使用，是弊大於利。

而且當神明廳在頂樓時，可以想見的是，除了決定要安神位的那個人，以及有虔誠信仰者，或是修行者、學佛者會專程去頂樓外，一般人很少會早晚上樓去向祖先與神明請安問好。而當負責上香、敬茶的人不方便再走到樓上時，問題出現了，其他家人可能會開始覺得那個神明廳是個累贅，而想處理掉。所以在很多年輕人在購買新居或是搬家時，神明廳已經不是他們必要的考慮了。

話說回來，神明的金尊也可以視為是家中成員的替身，安神位之處的風水吉凶會加倍反映在家人身上，因為家人成員每天進進出出的，承受的煞氣自然會比神尊幾乎安座好之後很少會搬動來的輕微，如果神尊面對的煞氣，那當然神尊所承受的煞氣也比其他家人為多，而這些煞氣最終還是會應驗在這家人的成員身上。換言之，當家中神位安的好，會有加分的作用，而家中如果真的沒有地方可以安神位，千萬不可以勉強，不然當不好的事情發生之後，反過來責怪拜神明都沒有保佑時，是陷神明於不義。

所以我們認為，透天厝，神位最好的位置還是在一樓。家人出入都有看見，早晚向祖先請安問好也是倫理的表現，正所謂「早晚三炷香，闔家平安」，而如果真的不適合，也千萬不要勉強安神位。

而神位喜明忌暗，如果要安神位的位置光線不佳，那也要多加考慮，強要安神位，那只會帶來減分的作用，並沒有任何好處，而神尊也忌踩爐，也就是我們看過去就好像神尊的腳剛好在爐的上面，對於做事業會有不好的影響，那還真的不如不安神位，可能事業發展還比較好。

會、通、精、化

「會、通、精、化」是我們學習任何事務，欲達到真正大宗師的境界，必要的過程，而修道遇有所成就更是如此，但能不能達到則視個人的精進與悟性而定。很多技能都是講求天分，也可以說是悟性，譬如說一般人努力學習歌唱，可以改善或是達到一定的水準，但沒有相對應的天分，還是沒辦法到達化境。

從初啟童蒙，一直到了大學畢業之後，只能說我們「會」所學習過的知識，對於這些知識、學識有些基本必要的認識，還稱不上熟練與靈活運用，算是初出社學的學徒，有一定的知識與技能。

假以時日，我們繼續在我們的專業科目上繼續下工夫，專研、精進，我們也可以達到所謂專家的程度，而這已經可以在社會上靈活運用我們所學的專業技能，而不太需要旁人的指點調教了。可以算是出師，可以獨立作業了。而這是一般人只要有心精進就可以達到的，而熟能生巧，所謂的專家、達人就是「通」。

通達之後，如繼續往道理、學理上專研，把道理也摸熟了，能自己研究出自己的一番道理出來，能把這個科目的道理說明了，也說的通，可以靈活運用、解說圓融，沒有明顯的矛盾之處，並且可以指導他人一樣驗證，這就是「精」階段，這也等同於我們的博士學位。這時也就是可以開班授徒了。當然很多人在未達到「精」的層次，或是在「通」甚至於「會」，一樣也開班授徒了。而問題就在於此，教導的人自己都還不能完全熟悉自己欲教導他人的法門，又怎麼能教導出真正的功夫呢？這也算是以盲引盲。

但世上博士、教授千萬，都是專精之士，但能真正引領風騷，繼往開來者，則只有少數中大師中的大師，也就是大宗師。

「化」就是真正大宗師的境界，除了熟練武藝、精通拳理之外，還必要加上文化的薰陶，自身的修為，以德服人，而非以勢欺人，說白話一點，就是以武取勝，或是用武力去使人屈服、恐懼等等。宗師風範與恢弘氣度是無法模仿的。此時無形無象，捻手即來，一舉手一投足皆是風範。唯有「化」境才是大師中的大師，才能承先啟後，先把前人的傳承悟懂，才能繼續開創新局，才能按時代背景的進步，繼續加以詮敘、補注、增減等等。

佛陀如此，老子如此，各祖師爺也是如此。而這些大宗師所流傳下來的經典，歷久彌新，不會被時代潮流所淹沒，這也是修行者必須研讀經典的原因之一。就像學拳要有所成就必學拳理一樣。靈修要有所成就，這些經典是必須研讀領悟的。沒有人可以單靠靈修感應而有所成就。

話說回來，靈修也是如此，「會、通、精、化」，我們是不是真的會了，有沒有學通了，能不能更精進，可不可以承先啟後，開創新局呢？仍待眾多師兄道業精進，先成就自己，再造福後人。

光

光是個有趣的東西，它的物理很特殊，既帶有波的特性，可以折射、反射等等，而光本身也具有粒子的特性，具有能量如X光，帶有熱能如太陽光或是日光燈等等。

光有波長頻率的不同，依照我們人類眼睛所能看到的範圍分成可見光與不可見光，而波長的不同，也造成光所能攜帶的能量會有所不同，可以傳透人體的X光就帶有強大的能量，會造成神體不好的影響。以上是一般的物理常識介紹。

而科學家發現光還有一項很重要的特性，光可以攜帶訊息，也就是像電影星際爭霸戰（STAR TREK）中的光波傳送一樣，變得有點可能性了，科學家可以在一端傳送一個粒子的資訊到接送端，並在接受端完全複製這個粒子。

所以我們知道光可以分成可見光與不可見光，也可以帶有強大的能量，更可以攜帶必要的訊息等等，而這些都是我們靈修，日用而不自知，主要還是因為這

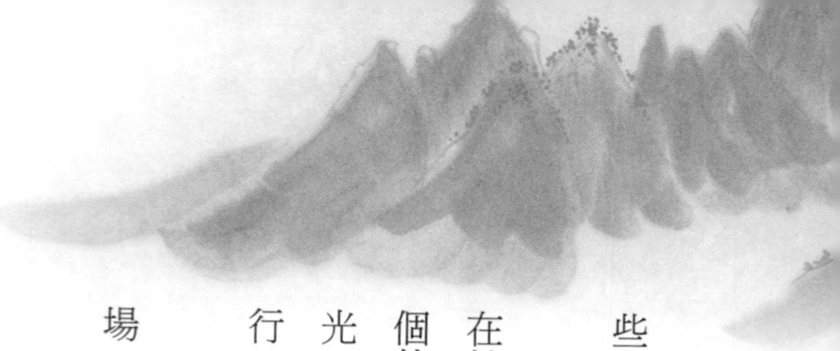

些光都不是用我們肉眼可以看到的。

在之前的文章「會靈」中有提到，我們會去各大廟宇會靈，而這些廟宇大多在於藏風聚氣的風水寶地，氣場很好，能量充足，所以山不在高，有仙則名，這個仙可以看做是那個地方的能量場充滿著正氣，瑞氣千條，而這些肉眼看不到的光，有些修行者可以用心眼看的到，所以在深山裡的洞天福地大多有修道者的修行。因為他們可以感受到或是看到這裡的氣場。

所以在會靈時，我們大多會得到這些光的加持，可以補充我們的能量、氣場，也可以傳送訊息給我們，這或許是很多靈修者喜歡跑靈山的原因之一吧。

光也是能量的形式之一，能量可以有不同的面貌，如熱能、電能、輻射能、動能等等。我們常常使用這些能量，也可以這樣說，如果日常生活沒有這些能量，我們將動彈不得。

靈修者尤其注重光的能量，光是我們靈修者最後在這個世界存在的形態，從強大的白光如諸佛菩薩，到黯淡無光如魁魅魍魎。光的形態也可以清楚地顯示我們的修為吧，只是一般人用眼睛看不到而已。

氣色

在前一篇文章「光」，簡單介紹了一些光的特性，光可以是能量，也可以攜帶訊息等等，而這篇文章則從另一個角度來談談。

既然光是能量，那相同的，能量也會產生光，而我們人體的氣場自然也會產生相對應的光，而這光會因為氣場好壞、大小而有不同顏色的光，而這些我們人體氣場所產生的光，大多是我們肉眼所看不到的不可見光，在上個世紀，人類終於可以藉由儀器的幫助之下，拍攝到人體氣場的光環，也證實了人體有氣的存在，而且這些氣是可以藉由修鍊而增強氣場的大小。

雖然我們人體周遭所環繞的氣場是一般人肉眼所看不到的，但還是會反映在我們的氣色上，而這些氣色則是我們很容易就可以看的出來，也是一般可以學習的技能。

當我們在看一個人，有時候會覺得這個人「容光煥發」、「神采奕奕」，彷

佛身上散發出無限的光芒，使他人覺得此人氣宇不凡，非平常人也。

或者是我們會覺得這個人怎麼「面色鐵青」、「死氣沉沉」，臉上有一股不祥的氣色，好像卡到陰似的，氣色很差。

這些都是靈修者該注意的地方，事實上是有很多靈修者可以從氣色中看到更多的訊息，包含最近的修為進度如何，最近生活過的好不好，有沒有認真精進等等。

而不只是人體，山川湖海，風水寶地，好山好水有巨大能量聚集的地方，也會產生光芒，就像是那座山頭有股「祥瑞之氣」，或是遠方「紫氣沖天」，或是那村落上空盤旋者一股「烏黑惡氣」必有不祥。

而靈修也離不開光，很多靈修者在靜坐時，可以看到光芒，或是單一色彩，或是五彩繽紛，或是在會靈時，看到神尊有股光芒直朝眉心而來，或是從頭頂灌入等等，都有其意義在。但還是有待各位靈修者自己體會領悟方能得知，這些光芒所代表的意涵。

後記

本書得已出版，是還蠻神奇的，所以最後還是提一下，當作紀念。

很多人文思泉湧，下筆成章，信手沾來如行雲流水。也有更多人是筆重千鈞，文思枯窘，絞盡腦汁也不知道要寫什麼，筆者就是屬於後者。

而靈修的奇妙之處就是在此，當初在對於靈修一無所知，也不知道什麼是接旨、接寶的情形下，就莫名其妙的接到一本書、一隻筆以及出書的指令。

當下也不知道這是什麼情形，寫書？從小到大對於寫文章是最頭痛、最不感興趣的，寫日記都不可能了，更何況是寫書，那是連想都沒有想過的事情。

但事情就是那麼奇妙，在靈修之前，對於宗教、修行是完全的外行，也沒有任何的興趣，但在靈修之後，就會開始上網找尋一些訊息，畢竟靈修沒有一套很完整的參考經典。

更奇妙的是，每次在論壇中看到有人在討論相關問題時，心理自然會出現這些觀點不切實際，比較好的論點應該是怎樣，然後在電腦面前就很自然的開始打字，而且是不用草稿，很流暢地就完稱一篇篇的文章。

這些文章是針對某些疑問做出回應，自然會引起更多人的質疑，所以很自然地，針對這些質疑，一篇篇的文章就此順利產生，這依我在靈修的文筆而言，完全不可能發生的事情，但事實就發生在眼前。

之後成立個人部落格之後，在沒有任何廣告之下，也慢慢地吸引很多網友互相交流，本書的文章很多也是在部落格中與網友互相交流所寫出來的，其中一部分也是個人自問自答。但內容大多不離修行這主題就是了。

在經營部落格一段時間之後，文章是累積到足夠出書的字數了，所幸上面只有說要出書，並沒有定期限，所以也沒有積極準備出書事宜。

但是上面的安排就是這麼巧合，先是有網友提到有沒有印刷實體書的打算，因為這樣比較方便閱讀，之後又在報紙上看到自費出版的訊息，心想這也許是因緣俱足了吧，所以連絡了一下自費出版社。

事情就是那麼巧，在聯繫自費出版社後不久，當天就看到何總編在留言板的留言，中間經過一番波折之後，就在一連串的巧合之下，終於完成出書，而我也就這樣順利地完成其中一項任務。

國家圖書館出版品預行編目資料

靈界修行筆記／隨緣著.
第一版——臺北市：宇河文化出版；
紅螞蟻圖書發行, 2011.8
面 ； 公分. ——（靈度空間；5）
ISBN 978-957-659-855-5（平裝）

1.靈修

296 100015127

零度空間 5
靈界修行筆記
作　　者／隨緣
美術構成／Chris' office
校　　對／楊安妮、朱慧蒨、隨緣
發 行 人／賴秀珍
總 編 輯／何南輝
出　　版／宇河文化出版有限公司
發　　行／紅螞蟻圖書有限公司
地　　址／台北市內湖區舊宗路二段121巷19號（紅螞蟻資訊大樓）
網　　站／www.e-redant.com
郵撥帳號／1604621-1　紅螞蟻圖書有限公司
電　　話／(02)2795-3656（代表號）
傳　　真／(02)2795-4100
登 記 證／局版北市業字第1446號
法律顧問／許晏賓律師
印 刷 廠／卡樂彩色製版印刷有限公司
出版日期／2011年 8 月　第一版第一刷
2024年 4 月　第六刷(500本)

定價 280 元　港幣 93 元

ISBN 978-957-659-855-5　Printed in Taiwan